이규보 선생님,
고려시대는 살 만했습니까

이규보 선생님,
고려시대는
살 만했습니까

강민경 지음

푸른역사

들어가며

중학교 때던가, 국어 교과서에서 〈슬견설蝨犬說〉이라는 글을 본 기억이 있습니다. 개를 때려죽이는 것을 보고 개를 먹지 않겠다고 한 사람에게, 이[蝨]를 잡아 불에 태우는 걸 보고 불쌍해서 이를 잡지 않겠다고 하며 전개되는 이야기이지요.

> 달팽이 뿔을 쇠뿔과 같이 보고, 메추리를 큰 붕鵬새처럼 동일하게
> 보게나. 그런 뒤에야 그대와 더불어 도를 말하겠네.

800년 전 고려시대에, 생명의 존엄함에 종의 차이가 있겠느냐는 내용의 글을 쓴 사람이 있다는 사실이 퍽 흥미로웠습니다. 돌이켜보면 그때가 이규보李奎報(1168~1241), 그분을 처음 만난 순간이었습니다.

중학교, 고등학교 역사 시간에 가끔 그 이름을 듣고 '이규보=동명왕편' 이런 식으로 외우긴 했지만, 본격적으로 그를 접한 것은 대학교에 들어가서입니다. 한문 강독을 하면서 이규보가 남긴 《동국이상국집東國李相國集》 속 글들을 몇 편 읽게 되었지요. 그 글들을 읽고 이런 생각이 들었습니다.

"이 사람, 참 재미있는 아저씨네."

역사를 공부하다보면 가끔 회의감이 들 때가 있습니다. 거창한 사건들이 엮어내는 장대한 드라마나, 휘황찬란한 문화유산의 위대함 속에서 정작 그 시대를 산 사람의 이야기는 쏙 빠져 있는 경우가 많기 때문이지요. 분명 그 사건을 겪은 이들, 그 유산을 만들어낸 이들은 사람일 텐데 말입니다. 조금 더 깊이 역사를 파고들더라도, 솔직히 그러한 역사 속 '사람'의 면모를 알아내기는 쉽지 않습니다. 이는 그들 스스로 자신의 심정을 진솔하게 남긴 기록이 드물어서입니다. 조선시대 이전의 경우는 더욱더 그렇고요.

하지만 이규보는 '드문 예외'라 할 만합니다. 매우 오래전 인물임에도 불구하고 《동국이상국집》이라는 거대한 문집을 남겼기 때문입니다. 여기에는 이규보가 지은 시와 산문이 어마어마하게 실려 있습니다. 그중에는 권력자의 뜻에 따라 또는 어떤 필요에 따라 지은 글도 있지만, 이규보가 살면서 붓 가는 대로 자신의 처지와 생각을 풀어 놓은 시와 글이 더 많습니다. 이를 찬찬히 읽어보면 고려라는 왕조를 살았던 한 지식인의 모습이 생생하게 드러납니다.

막연하게 '옛날 사람' 하면 이야기 속 신선처럼 살았을 것이라 생각하기 쉽습니다. 하지만 이규보가 보여주는 모습은 그런 선입견을 산산이 부숩니다. 그는 과거시험에 합격하고도 벼슬을 못 구해 이리저리 '이력서'를 넣어야 했고, 술과 친구를 좋아했으며, 나오는 배와 빠지는 머리카락을 걱정하던 동네 아저씨였습니다. 800년 뒤 오늘날의 아저씨들처럼, 이규보도 "나 때는 말이야~" 이야기를 하는가 하면 술을 진탕 마신 다음 날 숙취에 몸서리치고, 허당기 넘치다가도 꼰대 같은 짓을 벌이곤 했습니다. 남이 보기엔 재미있는 사람이었지만, 그를 보는 가족들은 얼마나 속을 끓였을까요.

하지만 이규보는 누구보다 치열하게 삶을 산 사람이기도 합니다. 아내와 자식 생각에 노심초사했고, 싫어도 권력 앞에 허리를 굽실거려야 했으며, 온갖 병에 시달리면서도 일을 해야 했습니다. 이마저도 오늘날의 아저씨들과 어찌 그리 닮았는지 모르겠습니다. 하지만 그러면서도 둥글둥글한 해학과 날카로운 감각을 잃지 않았지요. 자신을 둘러싼 사회의 모습을 작품 속에 고스란히 담아냈고요. 그저 놀랍기만 합니다. 이 시대에 이규보가 다시 살아난다면, 대단한 논객이 되지 않을까 싶습니다.

역사, 그중에서도 고려시대사를 전공하게 되면서 한동안 이규보의 《동국이상국집》을 끼고 다녔습니다. 공부하다가 문득 무료해지면 꺼내 읽으면서 흥미로운 대목, 재미있는 구절에 표시를 해두곤 했지요. 초등학교 때의 실력(?)을 살려 그 내용을 그림, 아니 낙서로 끼적거리기도 했습니다. 다른 공부를 하면서 잊고 있다가 문득 생각이 나서 꺼내 보니, 나름대로 재미있었습니다. 그중 그럭저럭 괜찮아 보이는 것을 정리하고 사진으로 찍어 개인 소셜 네트워크 서비스SNS에 하나둘 올렸는데, 반응이 나쁘지 않았습니다. 그에 흥이 나서 새로운 에피소드들을 찾아 그림을 그려 같이 올려보고……. 그런데 그게 끝이 아니었습니다.

쓰고 그리기 위해 크게 생각지도 않고 쏙쏙 골랐던 《동국이상국집》 속 이야기였건만, 다시금 살펴보니 무언가 흐름이 이어질 것만 같았습니다. 옛말에 '구슬이 서 말이라도 꿰어야 보배'라 했던가요. 비슷한 내용의 이야기들을 한번 묶어보니, 어렴풋이 떠오르던 그 '흐름'이 무엇이었는지 알 것 같았습니다.

앞에서도 말했지만, 제가 역사를 공부하면서 궁금했던 건 '사람'의 이야기였습니다. '그때 그 시절을 살았던 사람의 삶과 생각은 과연 어땠을까?' 《동국이상국집》을 읽고 그 안의 내용을 고르면서, 저는 저도 모르게 그 의문을 풀고 있었던 겁니다. 나아가 시공을 뛰어넘어 이를 오늘 우리의 삶과도 견주게 되더군요.

현실이 힘들고 팍팍할수록, 사람은 이상理想을 찾고 그리게 마련입니다. 높은 확률로, 그들의 이상은 옛날에 있지요. "예전엔 살기 편했지"나 "옛날엔 더 좋았는데"처럼 그때 그 시절을 아련하게 회상하는 일을 자주 봅니다. 그러면 저는 부지불식간에 저의 오늘과 대비되는 이규보와 그의 시대를 미화하고 있었던 걸까요? 글쎄, 이규보의 흥미 진진한 글을 읽으면서 저는 그의 시대가 딱히 이상적이었다는 생각은 들지 않았습니다. 물론 지금과 다르거나 더 좋아 보이는 부분도 많았지만, 그에 못지않게 지금과 닮은 경우도 적잖았기 때문이지요. 고려 시대도 사람이 사는 세상이었습니다.

그 시대의 지식인 이규보는 자신의 삶과 생각, 그리고 자신이 겪고 보고 들었던 일을 글로 적을 수 있었지요. 그의 글은 운 좋게 지금까지 살아남았습니다. 오늘의 우리와 비슷하지만, 또 다른 모습으로 살았던 800여 년 전 고려 '사람'의 이야기를 품고서요. 이를 깨달은 것, 그것이 바로 《동국이상국집》 속 여러 이야기를 글과 그림으로 풀어낸 이 책이 만들어진 계기입니다.

아무래도 별것 아니었던 그림과 글을 책으로 엮어내려니 이래저래 손볼 부분이 많았습니다. 여러 해 묵은 글이다 보니 새롭게 다듬고 내용을 덧붙여야 했습니다. 인용하는 《동국이상국집》의 구절들도 거듭 번역하고, 낙서 수준이던 그림도 다시 그려야만 했고요. 한국고전

번역원에서 제공하는 《동국이상국집》 번역은 1970년대에 한 것이라 지금 읽기가 쉽지만은 않고, 잘못 번역한 부분도 있습니다. 이 번역을 일일이 원문과 비교하며 다듬고 고치는 일도 퍽 힘들었습니다. 또 그림 얘기가 나와서 말입니다만, 그림 안에 들어가는 물건들은 기본적인 고증을 거친 것들입니다. 실제 남아 있는 고려시대 유물이나 벽화, 《고려사高麗史》나 《고려사절요高麗史節要》, 《선화봉사고려도경宣和奉使高麗圖經》, 《동문선東文選》 같은 기록에 보이는 물건들을 토대로 했고, 조선시대 유물과 풍속화의 장면들도 참고했습니다. 물론 오늘날 독자의 이해를 돕고 '웃기기' 위해 몇 가지는 일부러 고증에 맞지 않게 그리기도 했지만요(예를 들어, 고려시대에 지금 같은 귤 박스나 고깃집 불판이 있었을 리는 없지 않겠습니까?).

이 책이 세상 빛을 보기까지 많은 분의 도움이 있었습니다. 《생활인 이규보》(2013)와 《이규보 연보》(2013)로 역사 속의 '이규보'를 우리 앞에 데려오신 김용선 선생님, 고려의 매력을 알려주고 학문의 길로 이끌어주신 김대식 선생님과 박재우 선생님, SNS에 올린 글과 그림을 보고 격려와 질책을 아끼지 않으신 김태식 선생님, "고려시대 동네 아저씨 이규보를 21세기로 모셔 오자!"며 책으로 내기를 권하고 출판을 맡아주신 푸른역사 박혜숙 대표님, 초고 상태의 글을 읽고 여러 가지 조언을 해주신 김진·이현주·임경희·김선·배원정·옥재원·남아름·구열회·조영도 선생님과 신영미·서희종·김효섭·현수진·김재진·김서혜·이수연 학형, 소장품 도판의 사용을 허락해주신 황정수 선생님, 글에 들어갈 사료의 일본어 번역을 도와주신 정인성 선생님, 그림 속 도자기의 모습을 고증해준 강경남 선생님, 다소 난삽한 내용의 책을 깔끔하게 만들고 내용에 알맞은 유물 도판을 찾아 적재적소에 넣어주신 푸른역사 정호영 편집자님과 이보용 디자이너님, 그리고 늘 부족한 자식을 걱정하시는 부모님……, 이 자리를 빌려 감사의 말을 올립니다.

하지만 무엇보다도 모자란 글과 그림 솜씨로나마 여기에 모셔 올 수 있게끔 많은 자료를 남겨주신 백운거사白雲居士 이규보, 그분이 계시지 않았던들 제가 이런 책을 감히 시도할 수나 있었을까요. 이 작은 책이 혹 누가 되지나 않을까 걱정됩니다. 언제 좋은 술을 구해 강화도의 산소에 부어드리며 용서를 구하고자 합니다. 그리고 한 마디를 여쭙고 싶군요. "이규보 선생님, 고려시대는 살 만했습니까?"

2024년 3월, 구름 너머로 달이 살짝 보이는 저녁
사라봉 아래 서심재舒心齋에서
저자 씀

---

* 이 책을 출간하고 나서 많은 분들이 보셨습니다. 그중 최재근, 진영환 두 분께서 꼼꼼히 읽고 수정이 필요한 사항을 많이 알려주셨습니다. 이 자리를 빌려 감사의 뜻을 표합니다.

이규보, 술 마시고 글 지으며
고려를 살다 간 사나이

이규보는 어려서부터 총명하고 민첩하였으며, 9세에 문장을 잘 지어 당시 사람들이 기동奇童이라 불렀다. 점차 자라면서 경사經史·백가百家·불경·노자의 책을 한 번 보고 나서는 곧 기술하였다. …… 성품이 활달하였지만 집안일에 나서지는 않았으며, 마음껏 술을 마시고 거리낌 없이 행동하였다. 시문을 지을 때 옛사람이 지은 문장 격식을 따르지 않고, 자유자재로 내달리면서도 다른 사람을 능가하고 넓은 바다처럼 두루 말하였으니 한 시대의 고문대책高文大册은 모두 그의 손에서 나왔다.

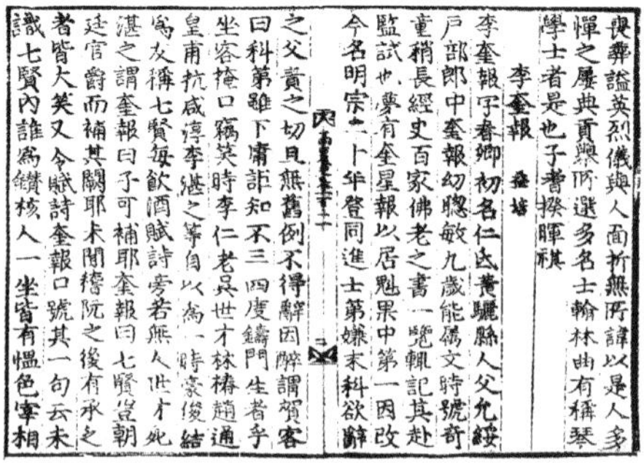

[그림 1] 〈이규보 열전〉
《고려사》 권102, 〈열전〉 15.

《고려사》〈이규보 열전〉에서는 이규보의 삶을 이렇게 평가했다. 짧지만 이규보의 삶과 성격을 집약한 글이다. 1168년(고려 의종 22) 12월 16일 개경에서 관료 이윤수李允綏(1130~1191)와 금양金壤 김씨(?~1202)의 아들로 태어난 이규보, 그의 자는 춘경春卿이며 첫 이름은 인저仁氐였다. 그는 태어난 지 석 달 만에 큰 위기를 겪었다. 온몸이 헐고 진물이 나 거의 죽을 지경에 이르렀던 것이다. 다행히 회복되었지만, 이는 이규보가 겪어야 했던 풍파의 시작일 뿐이었다.

천재 문인의 젊은 날

이규보가 두 살 되던 해인 1170년(의종 24), 무신 정변이 일어난다. 이는 고려를 실질적으로 지배하던 문인 지식층이 쇠퇴하고 무신이 득세하게 된 계기였다. 물론 무신 집권자들이 등장한 이후에도 과거시험은 치러졌고 관료는 끊임없이 충원되었다. 하지만 문인들의 분위기는 전반적으로 가라앉을 수밖에 없었다. 게다가 김보당金甫當의 난(1173)으로 그나마 조정에 남아 있던 문신들이 크게 화를 입자 대부분의 문인은 세상을 원망하며 술을 마시고 방랑하거나 과거시험에 더욱 목을 매게 된다. 이규보가 이런 세태를 직접 겪은 것은 아니나, 거의 아버지뻘인 이들이 모인 죽림고회竹林高會에 드나들며 무신 집권 초기 문인들의 분위기는 충분히 알 수 있었다. 아홉 살 때 시를 짓고 열네 살에 문헌공도文憲公徒에 들어가 '모의고사'에서 1등을 도맡았던 신동 이규보가 '강좌칠현江左七賢'이라 불리던 문인의 모임 죽림고회에서 어떤 모습을 보였는지는 다음의 글이 잘 이야기해준다.

글로 세상에 이름난 선배인 아무개 등 일곱 사람이 스스로 한 시절의 호준豪俊이라 생각하고 드디어 서로 어울려서 칠현七賢이라 하니, 대개 진晉의 칠현을 사모한 것이리라. 매일 함께 모여서 술을 마시며 시를 짓되 자기들 외에는 아무도 없는 것처럼 하더니, 세상에서 빈정대는 사람이 많아지자, 기세가 조금 누그러졌다. 그때 내 나이 열아홉이었는데, 오덕전吳德全(오세재吳世才)이 나이를 신경쓰지 않고 벗으로 삼아 항상 그 모임에 데리고 갔었다. 그 뒤 덕전이 동도東都(경주)에 노닐 제 내가 그 모임에 참석하였더니, 이청경李淸卿(이담지李湛之)이 나를 보고 말하기를,

"자네의 오덕전이 동도에 놀러 가서 돌아오지 않으니, 자네가 그걸 보충하겠는가?"라 하므로, 내가 곧 대답하기를,

"칠현이 조정의 벼슬인가요? 어찌 빠졌다고 보충한다는 말입니까? 혜강嵇康과 완적阮籍 뒤에 그를 이은 이가 있었다는 말은 듣지 못했습니다"라고 하니, 다 크게 웃었다.

또 나보고 시를 짓게 하면서 춘春, 인人 두 글자를 운韻으로 부르기에, 내가 곧,

영광스레 대나무 아래 모임에 참여하여
유쾌히 항아리 안의 술을 마신다오
알지 못하겠다! 일곱 현인 중에
누가 오얏 씨를 뚫는 사람인고*

* 죽림칠현 중 하나인 왕융王戎(234~305)의 집에 맛있는 오얏이 열리는 나무가 있었다. 왕융이 그 오얏에 일일이 송곳으로 구멍을 내곤 했는데, 누가 그 오얏 씨를 가져다가 심어 나무로 길러낼까봐 걱정해서였다고 한다.

라고 불렀더니, 모두 불쾌한 기색이 있었다. 그래서 나는 곧 거만스러운 태도로 거나하게 취해서 나와 버렸다. 내가 젊어서 이처럼 미치광이 비슷했으므로 세상 사람들은 모두 나를 광객狂客으로 지목했었다.

– 《동국이상국집》 전집全集 권 21, 설說, 〈일곱 현인 이야기[七賢說]〉

아버지뻘 되는, 더구나 시문으로 한 시대를 울렸던 사람들 틈에서도 전혀 기죽지 않고 당당했던 젊은 이규보의 모습이 그려진다. 치기 어린 행동이라고 볼 수도 있

[그림 2] 〈죽림칠현도竹林七賢圖〉
조선 말기의 화가 소림小琳 조석진趙錫晉 (1853~1920)이 중국 위진시대 7명의 은사 隱士 죽림칠현을 떠올리며 그린 그림. 어린 나이부터 신동으로 이름 높던 이규보가 시를 읊었던, 강좌칠현의 모임 죽림고회의 평소 모습이 이렇지 않았을까.
* 소장처: 국립중앙박물관

겠지만, 그것이 젊은 사람의 특권 아닐까? 여기서 보듯 그는 어렸을 때부터 술을 좋아했다. 이후에도 술은 이규보의 슬픔을 달래는 존재이자 그의 앞길을 규정하는 하나의 상징이 되었다.

술에 취하고 친구에 취해서였는지 이규보는 16세부터 21세까지 과거를 쳤다 하면 연거푸 떨어졌다. 22세가 되어 이름을 '규성奎星*이 급제를 알려주었다'는 뜻의 '규보奎報'로 바꾸고 나서야** 1차 시험인 국자감시國子監試에 장원으로 붙었고, 23세에 최종 시험인 예부시禮部試에 턱걸이로 합격했다. 어려서부터 글 잘 짓기로 이름났던 이규보치고는 퍽 아쉬운 결과였다. 하지만 그의 앞에는 더 큰 시련이 기다리고 있었다.

글만 잘 짓는다고 되는 게 아니더라

당시 과거에 합격하기도 쉬운 일이 아니었지만, 합격했다고 하더라도 발령이 나기는 하늘의 별 따기였다. 관직은 한정되어 있는데 합격자는 해마다 적체되어가던 상황에서, 고관과 연을 맺고 그들의 추천을 받지 않으면 낮은 관직을 받기도 어려웠다. 무신 집권자들이 정국을 주도하던 당시에는 더욱더 그러했다.

개경 근처 산에 은둔하며 스스로 백운거사白雲居士라 일컬었던 이

---

* 이십팔수二十八宿의 열다섯 번째 별, 문장을 관장한다고 함.
** 이는 《동국이상국집》 연보와 〈이규보 묘지명〉의 기록을 따른 것이다. 《고려사》 열전에는 국자감시에 합격한 뒤에 이름을 바꾸었다고 적혀 있다.

규보, 한국 고대사의 중요한 사료로 남은 〈동명왕편東明王篇〉이 바로 이 시기에 이규보가 지은 작품이었다. 하지만 그는 어느새 관직을 구하는 내용의 시를 지어 개경의 고관들에게 바치러 다녔다.

제가 우둔한 자질로 과거에 합격한 지 벌써 8년이 지났으나 벼슬을 한 번도 제수받지 못하였나이다. 이제 은상恩相 각하께서 인사 권한을 맡아 선비들의 정감精鑑이 되셨음을 듣고 그냥 물러설 수 없어서 감히 관직에 오르기를 구하고자 합니다.
……
이제 인재를 뽑는 소임 맡았으니
조화의 힘 크게 오로지 하시겠네
다시금 목을 빼고 바라보며
바야흐로 봉鳳 날개에 붙기를 기약하네
머리를 감고 때를 새로 털어버리며
무딘 칼 다시 갈아 점점 날을 세웠다네
막내 아드님은 참으로 옥과 같아

나는 상국의 막내 아드님과 가장 친하고 또 과거에 같이 급제하였습니다.

맑은 조정에서 일찍이 누런 인끈을 찼는데
다행히도 반갑게 대해 주어서
외람되이 높은 분을 뵈었으니
……
사사로운 인연도 진실로 얕지 않으나
떳떳한 천거로도 또한 무엇이 방해되리
일단 시험 삼아 재주를 펼치게 해주소서

아름다운 비단 상하게 하지는 않으리니

……

-《동국이상국집》 전집 권7, 고율시古律詩, 〈영공슈公 조영인趙永仁
(1133~1202)에게 올리는 시를 짓고 아울러 들어가는 말을 쓰다上
趙令公永仁 幷引〉 중에서

이를 두고 후세의 많은 이들이 이규보가 비굴하다고 욕을 했다. 하
지만 이 시절에는 연봉 센 대기업도, 눈을 낮춰 들어갈 중소기업도 없
었다. 재주 있는 사람들, 딸린 식구가 있는 지식인들은 오직 나라의
녹을 받는 공무원을 바라볼 수밖에 없었다. 이규보를 안타깝게 여긴
고관들이 연명聯名으로 관직에 추천한 적도 있었지만, 왕명을 전하는
승선承宣이 중간에 농간을 부려 없던 일이 되기도 했다.

하여간 이규보가 서른두 살 되던 해, 그의 소망은 이루어졌다. 전

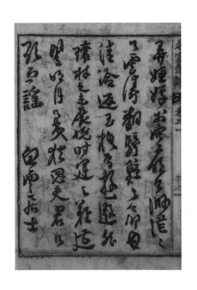

[그림 3] 이규보가 쓴 것으로 전하는 글씨
일제강점기 출판인이자 서점 경영자였던
심재心齋 백두용白斗鏞(1872~1935)이 편찬
한 《해동역대명가필보海東歷代名家筆譜》
권1에 수록되어 있다.
* 소장처: 국립중앙도서관

주목 사록司錄 겸 장서기掌書記라는 지방관 벼슬을 얻어 전주에 부임하게 된 것이다. 이는 목사牧使 아래에서 향리鄕吏와 주현군州縣軍을 지휘하고 각종 문서를 작성 처리하며 때로 관할 지역에 출장을 나가 조세 수취, 벌목 같은 일을 감독하는 실무담당자였다. 그러나 그의 첫 관직 생활은 1년 4개월 만에 끝을 맺었다. 봉급 적고 잡무 많은 것도 힘든데 동료라는 사람들까지 위건 아래건 전혀 손발이 맞지 않았다. 결국 동료의 비방 때문에 그는 면직되고 만다.

이래저래 체념하며 지내던 그에게 또 한 번의 기회가 찾아온다. 1202년(신종 5) 경주와 청도 일대에서 신라의 부흥을 내세운 민란이 일어난다. 이규보는 이 민란 진압군에 자원해 병마녹사兵馬錄事 겸 수제원修製員으로 종군한다. 그는 가는 곳마다 글솜씨를 뽐내며 제문을 짓고 격문을 적는 등 맡은 바 소임을 다한다. 하지만 진압이 끝난 뒤 그에게 돌아온 것은 아무것도 없었다. 이에 이규보는 크게 실망하고, 다시금 백수가 되어 술과 시로 세월을 보낸다.

시작은 비록 미약했으나

1207년(희종 3) 백수 이규보 아저씨의 앞길에 살짝 빛이 비친다. 당대의 권력자 최충헌崔忠獻(1149~1219)이 글 좀 한다는 사람들에게 〈모정기茅亭記〉라는 글을 공모했는데, 여기에 이규보의 작품이 뽑혀 직한림원直翰林院이 된 것이다. 품계는 낮지만, 문필로 임금의 일을 돕는 문한관文翰官이어서 퍽 영광스러운 자리였다.

몇 년이 지난 1213년(강종 2), 품계 낮은 자리를 전전하던 이규보

의 인생이 다시금 바뀌는 사건이 벌어진다. 최충헌의 아들 최우崔瑀
(?~1249)가 이규보를 눈여겨본 것이다.

> 12월에 진강후晉康侯(최충헌)의 아들인 상국相國(최우)이 밤에 잔치를
> 크게 베풀고 모든 고관을 불러 모았는데, 공(이규보)은 홀로 8품 관
> 료임에도 부름을 받고 참석하였다. 밤중에 상국이 공에게 이르기를,
> "그대가 문장을 잘한다는 소문은 들었으나 아직 보지는 못했다오.
> 오늘 한번 시험해보는 것이 어떻겠소이까?" 하고, 이인로李仁老
> (1152~1220)를 시켜 운자를 부르도록 했는데, 40여 운에 이르렀다.
> 촛불을 시제詩題로 삼고 이름난 기생에게 먹을 갈도록 하였다. 시
> 가 완성되자 상국은 탄복해 마지않았다. 다음 날 상국은 그 시
> 를 가지고 부府로 나아가 진강후에게 아뢰고 공을 불러들여 재주
> 를 시험해보라고 하였다. 진강후가 처음에는 쾌히 승낙하지 않다
> 가 두 번 세 번 여쭌 후에 공을 불러들이도록 하였다. …… 진강후
> 의 앞에 바로 필갑筆匣이 있고 붓도 열 자루가 넘었는데, 상국이 친
> 히 그중 좋은 붓을 골라서 공에게 주었다. 이때 마침 뜰에서 오락
> 가락하는 공작이 있기에 진강후가 이 공작을 시제로 삼고 금의琴儀
> (1153~1220)를 시켜 운자를 부르게 했는데 40여 운에 이르도록 잠
> 시도 붓을 멈추지 않으니 진강후는 감탄하여 눈물까지 흘렸다.
> ─《동국이상국집》 연보 중에서

그렇게 든든한 '빽'을 얻은 이규보는 탄탄대로를 걷게 된다. 1215

년(고종 2)에는 우정언右正言 지제고知制誥*로, 1217년(고종 4)에는 우사간右司諫 지제고가 되고 자금어대紫金魚袋를 하사받았다. 우정언과 우사간은 중서문하성中書門下省에 속하여 간쟁諫爭과 봉박封駁**에 관한 일을 맡아보던 6품 관직이었다. 국어 교과서에도 실렸을 만큼 유명한 고려가요 〈한림별곡翰林別曲〉은 그 무렵 뜻을 얻어 붓을 마음껏 휘둘렀던 이규보의 모습을 보여준다.

하지만 어디 마음대로 되는 세상일이 있던가. 얼마 후 이규보는 최충헌의 의도에 따라 탄핵당해 파직되거나 좌천되는 수난을 겪었다.

> 지난해(1218) 12월 어느 날 지방관 중 팔관회를 경하하는 표문表文을 미처 올리지 못한 자가 있자, 공이 탄핵하려 했으나 금의가 굳이 그만두도록 하였다. 이달에 이르러 진강후가 이 내용을 조사하여 금의와 공을 탄핵하였는데 금의는 용서받고 공만 파직되었다. 4월에 외직인 계양도호부 부사桂陽都護府副使 병마검할兵馬鈐轄이 되어 5월 계양에 부임하였다.
> ─《동국이상국집》 연보 중에서

1219년(고종 6) 최충헌이 죽자, 최우는 지방관으로 내려가 있던 이규보를 다시 개경으로 불러들였다. 이후 이규보는 보문각대제, 태복소경, 한림학사 같은 요직을 거쳤고, 국자감시와 예부시를 주관하는 지공거知貢擧도 몇 차례 역임했다. 1230년(고종 17) 팔관회를 개최할

---

* 임금이 필요로 하는 글을 짓는 관직.
** 임금에게 글을 올려 일의 옳지 아니함을 논박함.

때 있었던 사고로 인해 전라도 부안의 위도猬島에 한 달 남짓 유배되
었다가 본관인 황려黃驪*로 옮겨지고, 1231년(고종 18) 풀려난 뒤에는
몽골에 보내는 서표書表와 공문서를 도맡아 작성했다. 1232년(고종 19)
6월 고려 조정이 강화로 천도하자 이규보도 따라갔고, 계속해서 최씨
무신정권의 요직을 맡다가 1237년(고종 24) 수태보 문하시랑평장사守
太保門下侍郎平章事 수문전태학사 감수국사 판예부사 한림원사 태자태
보修文殿大學士監修國史判禮部事翰林院事太子大保로 벼슬에서 물러났다. 그
리고 1241년(고종 28) 9월 2일, 세상을 떠나 강화에 묻혔다. 그의 업적
을 기려 문순공文順公이라는 시호諡號가 내려졌다.

그의 붓은 결코 무디지 않았네

이규보는 스스로를 '삼혹호선생三酷好先生'이라 불렀다. 시와 술, 거문
고 세 가지를 좋아하여 끼고 산다는 뜻이었다. 이것만 봐도 그의 성격
이 대강 짐작된다. 낭만적이고 섬세한, 그야말로 문인이라 할 만하다.
그는 틈만 나면 시를 짓고 글을 썼다.《동국이상국집》에 실린 시만 해
도 2,000수가 넘는다. 젊은 시절의 글들을 때때로 불태우곤 했다니 아
마 평생 1만 수는 족히 짓지 않았을까 싶다.

이렇게만 보면 한가히 술만 마시며 시만 썼던 사람이라고 생각할
지도 모르겠다. 하지만 그는 고대의 역사나 철학 같은 거대한 담론뿐
만 아니라 작은 벌레나 흔한 술 항아리 같은 주변의 사물에도 시선을

* 지금의 경기도 여주.

[그림 4] 이규보 묘와 묘지명

인천 강화군 길상면에 있는 이규보 선생 묘(인천광역시 기념물)와
국립중앙박물관에서 소장하고 있는 이규보 묘지명墓誌銘(앞과 뒤).
* 출처: 국가유산청 국가유산포털, 소장처: 국립중앙박물관

둘 줄 알았고, 깊은 통찰력으로 무신정권이 지배하고 있던 당시 고려
사회의 문제점도 꿰뚫고 있었다.

장안의 호걸들 집에는
구슬과 패물이 산처럼 쌓였는데
절구로 찧어낸 구슬 같은 쌀밥
혹 말에게 먹이고 혹 개에게 먹인다지
기름처럼 맑은 청주를
종들도 마음껏 마신다네
이 모두 농부에게서 나왔나니
그냥 받은 것이 아니로세
남들이 손수 하는 노고를 빌고는
망령되이 스스로 부자 되었다 이르네
힘들여 농사지어 군자를 봉양하니
그들을 일컬어 농부라 한다네
알몸을 짧은 잠방이로 가리고는
매일 같이 얼마만큼 밭을 갈았는지
벼 싹이 겨우 파릇파릇 돋아나면
힘들여 호미로 김을 맨다네
만약 풍년이라 곡식 천 석 얻어도
한갓 관청 것이 될 뿐이지
어쩌지 못하고 모조리 빼앗겨
하나도 가지지 못하는지
땅을 파 올방개 캐 먹다가

굶주림에 지쳐 쓰러진다네

힘들일 때가 아니라면

누가 이들을 배불리 먹이랴

필요한 것 그 힘을 얻으려 함이지

이들의 입을 아껴서가 아니로다

반짝반짝 백옥 같은 쌀밥이나

맑디맑아 푸른 물결 이는 술

모두가 그들의 힘으로 만들었으니

하늘도 또한 허물치 않으리라

권농사勸農使에게 알리노니

국령國令이 혹 잘못된 것 아닙니까

잘~한다! 높은 벼슬하는 이들

술과 밥에 물려 썩혀버리고

야인野人들도 또한 그것들 갖고 있어

매양 꼭 진득한 술을 마신다오

노는 사람들도 오히려 이와 같거늘

어찌 농부들은 뒤에 먹으라 할 수 있는고

– 《동국이상국집》 후집後集 권1, 고율시, 〈국령國令으로 농민들에

게 청주와 쌀밥을 먹지 못하게 한다는 소식을 듣고[聞國令禁農餉淸

酒白飯]〉

벼슬아치는 물론이고 야인野人—벼슬하지 않은 시골 향리인지, 오
랑캐인지는 분명치 않으나—들도 밥 먹고 술 마시는 판국에 왜 농사
짓는 사람들은 자기들이 수확한 곡식을 제대로 먹지도 못한단 말인

가! 피 끓는 지식인 이규보는 슬퍼하는 것을 넘어 화낼 줄 알았다. 나아가 자신이 겪고 보고 들은 일을 시와 산문으로 남겨 후세에 전했다. 이를 모아 엮은 것이 바로 《동국이상국집》 53권이다.

고려 역사와 문화의 화수분, 《동국이상국집》

'고려의 이씨 성을 가진 재상의 문집'이라는 뜻인 《동국이상국집》은 이규보 생전에 편집이 시작되었다. 일흔이 넘은 이규보가 병을 얻어 앓아눕자 집권자 최이崔怡*가 직접 그의 문집을 만들라는 명을 내렸다. 문집을 보여줘서 이규보의 지친 마음을 위로하려는 뜻에서였다고 한다.

이미 그의 글은 상당수 사라진 상태였다. 이규보가 글을 모아두는 습관이 없어서였다. 이에 그의 아들 이함李涵이 부지런히 곳곳에서 아버지의 글들을 모아 1241년 8월에 전집全集 41권을 우선 만들었다. 이는 이규보의 작품을 고부古賦, 고율시, 상량문上樑文, 구호口號, 송頌, 찬贊, 명銘, 잠箴, 운어韻語, 어록語錄, 전傳, 설說, 서序, 발跋, 논論, 기記, 방문榜文, 잡저雜著, 서書, 표表, 전牋, 장狀, 사대찬표장私代撰表章, 교서教書, 비답批答, 조서詔書, 마제麻制, 관고官誥, 비명碑銘, 묘지墓誌, 뇌서誄書, 애사哀詞, 제문祭文, 도량재초소제문道場齋醮疏祭文, 불도소佛道疏, 초소醮疏, 석도소제축釋道疏祭祝 등으로 분류하고 그 안에서 연대순으로 배열한 뒤 이수李需(1190~?)의 서문을 붙인 전집이었다.

---

* 최우가 개명한 이름.

[그림 5] 《동국이상국집》

'고려의 이씨 성을 가진 재상의 문집'이라는 의미를 가진 이규보의 시문집.
고려시대의 다양한 생활상을 살필 수 있다.
이 책은 고려시대에 간행된 것으로 추정되는 판본이다.

* 소장처: 국립중앙박물관

그해 9월, 이규보는 숨을 거두었다. 문집 편집은 마쳤지만 판각은 채 끝내지 못한 채였다. 그러나 그의 문집을 보충하는 작업은 끊이지 않고 이어져 12월에 의議, 문답問答, 잡지雜識 등을 포함한 후집後集 12권이 만들어진다. 워낙 급하게 만들어 잘못된 곳이 많아서였는지 10년 뒤 고종의 칙명으로 손자 이익배李益培가 분사대장도감分司大藏都監에서 교정, 증보하여 목판에 새긴 뒤 인쇄해 발간했다. 이후 이《동국이상국집》은 여러 차례에 걸쳐 간행되었고, 널리 읽혔다. 일찍부터 고려의 옛일을 상고할 자료로 주목받기도 했는데, 예컨대 조선 후기 학자 이익李瀷(1681~1763)은 자기 성씨의 내력을 고증하기 위해《동국이상국집》을 활용했다.

우리 여주 이씨驪州李氏는 별보別譜가 많은 편이나 고려 중기 이전의 세계世系에 대해서는 전해지는 것이 없습니다. 상국 이규보 또한 우리 성씨인데, 그분의 유집遺集이 지금도 남아 있어 우리 가문의 옛 사적을 살펴볼 수 있는 유일한 책으로 전해집니다.
-《성호전집星湖全集》권30, 서書, 〈무이武夷의 여러 종친에게 주는 편지, 기사년(1749)[與武夷僉宗 己巳]〉 중에서

이규보의 폭넓은 관심사가 반영된《동국이상국집》속 작품들은 고려시대의 여러 가지 면모를 증언한다. 개경의 어느 마을에 살았던 무당을 읊은 〈늙은 무당 이야기[老巫篇]〉, 당나라 역사를 서사시로 형상화한 〈개원·천보 연간의 역사를 읊은 시[開元天寶詠史詩]〉, 시를 어떻게 써야 하는지를 논한 문학 이론 〈시 속의 은미隱微한 뜻을 간략한 말로 논하다[論詩中微旨略言]〉, 팔만대장경 간행의 전후 사정이 담긴 〈대장경

을 판에 새기며 임금과 신하가 하늘에 아뢰는 글[大藏刻版君臣祈告文]〉, 거북이를 의인화해서 쓴 가전假傳 〈청강사자 현부의 전기[淸江使者玄夫傳]〉 등 하나하나가 고려시대의 사상과 문학, 역사, 풍속을 연구하는 데 없어서는 안 될 자료들이다.

이규보는 청운의 꿈을 안고 글을 짓기도 했고, 실의에 빠져 술로 세월을 보내기도 했으며, 늘그막엔 높은 벼슬에 오르기도 했다. 특히 그가 벼슬을 얻고자 벌였던 일들은 후세의 지탄을 받았다. 하지만 그럼에도 이규보의 시를 짓고자 하는 욕구와 술에 대한 열망은 식지 않았다. 그것은 800년 전을 살았던 동네 아저씨 이규보를 대문호이자 시대의 증언자로 만들었다. 술 마시고 글 지으며 고려라는 나라를 살다 간 이규보, 그가 남긴 고려의 이야기는 넓고도 깊었다.

이규보, 그는 누구인가?

이렇게 써놓고 보니 한 시대를 풍미했던 그룹 듀스가 부른 〈우리는〉(1993)의 "난 누군가, 또 여긴 어딘가?"라는 가사가 떠오른다. 나온 지 30년이 넘은 노래임에도, 인간 실존의 문제를 건드린 가사 자체는 지금도 퍽 신선하다. 이규보 선생도 '나는 누구인가'라는 문제를 두고 고민했던 적이 있었다. 정홍진丁鴻進(?~?)이라는 분이 그의 초상을 그려주었다. 이규보는 그걸 펼쳐두고 하염없이 앉아 관찰하다가 붓을 들어 글 하나를 남겼다. 맨 처음 그 글을 읽으면서 이규보 스스로가 이야기하는 이규보를 살펴보도록 하자.

나로 말할 것 같으면

이규보가 이야기하는 이규보

큰 키에
투박한 얼굴

수염은 거칠고 더부룩하며 입술은 두텁고 붉네.

이 어떤 사람인가 춘경春卿과 비슷하도다.

과연 춘경이라면 그림자인가 실상인가.

실상은 오히려 허망하여 꿈만 같거늘,

더구나 이것이 그림자라면 꿈속의 꿈일 따름.

오르락내리락한 오십 년, 구구한 이 한 몸이

여덟 폭 비단 속에서는 엄연히 비슷한 사람일세*

---

* 같은 글이《동문선》권50에도 실려 있는데, 거기서는 이 대목이 "한 폭 비단에 들어가니
  엄연히 비슷한 사람일세"로 나온다.《동국이상국집》에는 여덟 팔八로 된 글자가《동문선》

[그림 6] 이규보

고려시대 당시로서는 상당히 큰 6 척, 약 180센티미터 정도의 키에 텁수룩한 수염을 기르고 있었고, 두꺼운 입술을 가지고 있었다고 한다. 이 초상화는 1989년 석영石影 최광수崔光洙(1932~1990)가 그린 이규보 표준영정이다.

*출처: 전통문화포털

마음 그리기 매우 어렵지만
참 모습 조금은 드러냈네.
무릇 내 자손은 나의 추한
모양을 비웃지 말고,
그 마음만 전한다면 선조에
게 욕되지 않으리라.
–《동국이상국집》후집 권11, 찬贊, 〈정이안이 나의 초상화를 그렸
기에 스스로 찬을 지어 이르기를[丁而安寫予眞 自作贊曰]〉

　　'이안'은 정홍진의 자이고, '춘경'은 이규보의 자이다. 글만 보면 이규보는 그다지 잘생긴 편은 아니었던 것 같다. 겸손의 표현일 수도 있겠지만, 거칠고 텁수룩한 수염에 입술이 두꺼웠다니 말이다. 키는 6

에서는 들 입으로 나타나기 때문이다. 만약 여덟 폭 비단에 초상화를 그렸다면 이규보가 집에 이를 걸어둘 수 있었을까? 문맥상《동문선》쪽이 훨씬 자연스럽다. 여기서는 우선《동국이상국집》의 번역을 따르되,《동문선》에서 글자를 다르게 적었음을 밝혀둔다.

척에 가까웠다 한다. 고려시대 1척의 길이가 얼마였는지 분명치 않지만, 현재 남은 고려시대 건축을 실측해보면 31센티미터 남짓 되는 길이를 기준으로 삼고 있다. 31센티미터를 1척으로 보고 이규보의 키를 환산하면 대략 180센티미터 정도이다. 이규보의 시대로부터 600여 년 뒤인 19세기 말 한국인의 평균 신장이 163.4센티미터였다고 하니, 180센티미터란 당시로서는 상당히 큰 키였음이 분명하다.

흰 수염의 늙은이 하나
키는 여섯 척 아니 되는데
받아먹은 녹祿 그 얼마인가
삼백하고도 오십 석일세
배는 밖으로 볼록하지만
속은 실로 좁고도 좁네
언제나 병자와 같이
먹는 건 두어 수저에 지나지 않네
날마다 서너 잔 술을 마시고는
이것으로 아침저녁을 지낸다네
……
− 《동국이상국집》 후집 권1, 고율시, 〈장난삼아 짓다─정유년
(1237) 8월에[漫成 丁酉八月]〉 중에서

머리숱은 줄고,
배는 나오고

요즘도 거의 모든 아저씨의 고민거리는 탈모와 뱃살 아닐까? 자고 일어나면 빠져나가는 머리털과 하루가 다르게 나오는 배를 보며 절로 한숨을 내쉴 듯하다. 이규보의 두통거리도 이 두 가지였던 모양이다. 특별히 막을 방도가 없어 그저 쓴웃음만 흘릴 수밖에 없던 심정을 읊은 시가 전한다.

> 털이 빠져 머리가 온통 벗겨지니
> 나무 없는 민둥산을 꼭 닮았네
> 모자를 벗어도 부끄럽지 않고
> 빗질할 생각은 벌써 없어졌네

귀밑털과 수염만 없다면

참으로 늙은 까까중 같으리

......

배 하나만 뚱뚱해가지고

나라의 녹만 실컷 먹었을 뿐이네

내가 생각해도 얼굴이 두꺼운데

남들이 어찌 조롱하지 않으리

속히 그만두고 들어앉아서

누추한 꼴 더하지나 말아야지

－《동국이상국집》전집 권18, 고율시, 〈대머리를 스스로 비웃다頭

童自嘲〉중에서

[그림 7] 〈노인老人〉

조선시대 서화첩 《산수인물첩山水人
物帖》에 수록된 연옹蓮翁 윤덕희尹德
熙(1685~1766)의 노인 그림. 자신의
벗겨진 머리, 뚱뚱해진 배를 보며
쓴웃음 짓는 노인 이규보의 모습이
그려진다.

＊소장처: 국립중앙박물관

횅한 머리에 툭 튀어나온 배를 보며 휘저휘저 걷는 자기 모습이 짜증나서였는지, 나이 든 이규보는 한동안 거울도 보지 않았던 것 같다. 그러다 어느 날 우물가에서 물에 비친 제 모습을 보고 이렇게 읊었다.

청동거울 보지 않은 지 오래라
내 얼굴 어떤지 기억도 못하다
우연히 다가서 우물 비춰 보니
옛날에 조금 알던 얼굴 같구나
－《동국이상국집》 전집 권18, 고율시, 〈우물에 비추어보고 장난삼아 짓다[炤井戲作]〉

고기만 보면
참지 못해

18세기 프랑스 법관이자 음식 평론가로 유명했던 장 앙텔름 브리야-샤바랭Jean Anthelme Brillat-Savarin(1755~1826)은 이런 말을 남겼다. "그대가 무엇을 먹는지 말하라, 그러면 나는 그대가 누군지 말해보겠다." 그의 말을 따라, 이규보가 무엇을 먹었고 무엇을 좋아했는지도 한 번 알아보자.

> 내 일생 술 즐기니 누룩이 봉군封君하셨소
> 취할 땐 기린도 굽고 용도 회 뜨고 싶다오
> 무슨 일로 권 군은 오래도록 곡기를 끊어
> 차마 좋은 얼굴을 소나무보다 여위게 하는고

－《동국이상국집》 전집 권14, 고율시, 〈시랑侍郞 이미수李眉叟(이인로)가 박사博士 권경중權敬仲(?~?)의 벽곡辟穀을 나무란 시에 차운次韻하다[次韻李侍郞眉叟寄權博士敬仲責辟穀]〉

세 수의 연작시 중 마지막 시이다. 권경중이라는 분은 이규보와 비슷한 시기에 살았던 문인인데, 도가道家에 빠져 신선이 된다는 술법 중 하나인 벽곡을 했던 모양이다. 벽곡이란 곡식을 먹지 않고 둥굴레나 밤, 과일 같은 것만 먹는 일종의 다이어트인데, 요즘도 흔히 그렇듯 이를 두고 친구들이 놀리는 일이 많았던가 보다. 이규보도 이에 가세했다.

기린麒麟은 우리가 익히 아는 목이 긴 기린이 아니라 성인聖人이 나올 때 나타난다는 상상의 동물이다. 용이야 누구나 생각하는 그 용이고. 취해서 눈에 뵈는 게 없어지면 그런 영물靈物도 구워 먹거나 회를 떠서 안주를 삼고 싶다니, 이규보는 확실히 채식주의자는 아니었던 모양이다. 이규보의 다른 글을 보면 그가 쇠고기만 보면 안 먹을 수가 없었다고 회고하는 내용이 있다.

내가 왕년에 오신채五辛菜를 끊고 나서 시 한 수를 지은 일이 있는데, 그때에 쇠고기도 아울러 끊었으나 마음으로만 끊었을 뿐이었고 고기를 눈으로 보고서는 곧 안 먹을 수 없었기 때문에 그 시에는 아울러 언급하지 못했다가, 지금 고기를 보고도 먹지 않게 되고 나서야 시로 풀어낸다.
－《동국이상국집》 후집 권6, 고율시, 〈쇠고기를 끊고서[斷牛肉]〉의 서문

그렇지만 가난뱅이 하급 관료가 고기를 먹을 일이 얼마나 있었을까. "고려의 녹봉이 매우 박해서 생쌀과 채소만을 줄 뿐인지라 평상시에는 고기를 먹는 일이 드물다"*는 서술에서 엿볼 수 있는 것처럼, 대개는 그림의 떡이었으리라. 그래서였을까. 그는 전주에 지방관으로 내려가 있을 때 고기도 제대로 못 먹는 울분을 토해내는 글을 하나 남겼다.

삼가 채소·과일과 맑은 술의 제수로써 성황대왕城隍大王의 영전에 제사 지냅니다. 제가 이 고을에 부임하여 나물 끼니도 제대로 계속 하지 못하는데, 어떤 사냥꾼이 사슴 한 마리를 잡아 와서 바치기에 내 그 이유를 물었더니, 그가 '이 고을에는 예부터 매월 초하루에 저희들로 하여금 사슴 한 마리와 꿩 또는 토끼를 바쳐 제육祭肉에 충당하게 하고, 그런 뒤에 아리衙吏(아전)들이 공봉公俸을 받아서 주찬酒饌을 갖춰 성황에 제사를 지내는 것이 곧 하나의 관례가 되어 왔습니다' 하기에, 제가 노하여 매질하면서 꾸짖기를, '네가 어찌 나에게 알려 허락도 받지 않고 이런 짓을 하느냐. …… 어찌 나물 끼니로 가난하게 지내는 나로서 달마다 살아있는 짐승을 죽여 귀신을 살찌게 하려고 나의 죄를 더하겠는가. 그리고 귀신도 정직한 귀신이라면 나에게 이런 것을 바라지 않으리라' 하고는, 곧 아리들에게 훈계하여 이제부터는 다시 고기를 쓰지 않기로 하고 채소·과일과 주찬 따위의 진설陳設은 알아서 하게끔 맡겼습니다. 제 약속이 이러하니, 대왕은 어떻게 생각하는지 모르겠으나, 바라건대 너그럽게 나를 완악頑惡하여 옛 관례를 따르지 않는다 하지 마시구려.

*《선화봉사고려도경》 권21, 조례조皂隸條 방자房子.

[그림 8] 〈야연野宴〉

총 14면으로 구성된 조선 후기 화가 성협成夾(?~?)의《풍속화첩風俗畵帖》중 늦가을 밤에 양반들이 야외에서 고기를 구워 먹는 '난로회'를 그린 그림. 쇠고기 맛에 감탄하는 내용의 시도 함께 적혀 있다. 쇠고기만 보면 안 먹을 수가 없었다고 회고하던 이규보가 떠오른다.

＊소장처: 국립중앙박물관

－《동국이상국집》전집 권37, 애사哀詞·제문祭文, 〈신에게 제사 지내는 글－전주全州에서 성황에 제사 지내는 치고문致告文인데 운韻이 없다[祭神文 全州祭城隍致告文○無韻]〉

"나도 못 먹는 고기를 뭐? 한 달에 한 번씩이나 저 성황신인지 뭔지에게 갖다 준다고?"라고 꿍얼거리는 이규보 아저씨의 모습이 훤히 그려진다. 어차피 제사가 끝나면 제수는 남은 사람들이 나누어 먹게 마련인데……. 어쨌건, 아마도 이때 성황신뿐만 아니라 전주의 어지간한 산신이나 바위의 신, 용왕 등이 모두 이규보의 조치로 인해 채소 반찬을 자셔야 했던가 보다. 그런데 그로부터 얼마 지나지 않아 이규보는 자기의 개혁(?)을 철회하지 않을 수 없게 되었다. 《동국이상국집》에서 위의 제문 다음다음 차례에 실린 글을 보자.

모년 모월 모일에 모관某官은 삼가 동년同年*인 진사進士 황민인黃敏仁(?~?)을 보내어 산록山鹿 한 마리와 맑은 술 등 제수를 갖춰 거듭 마포대왕馬浦大王 영전에 제사 지내노라.
－《동국이상국집》전집 권37, 애사·제문, 〈전주에서 보안현保安縣 마포대왕에게 거듭 고하는 제문[全州重祭保安縣馬浦大王文]〉 중에서

보안현은 지금의 전라북도 부안군 일대로 아마 거기에 '마포'라는 나루터가 있었던 모양이다. 그런데 그 나루터 신께 제사를 올리면서 이규보는 사슴 한 마리를 통째 바친 것이다. 왜? 이어지는 이규보의

* 과거급제 동기.

해명을 들어보자.

> 그런데 그 제사의 진설에 고기를 쓰지 않고 나물만을 갖추었더니 바야흐로 사당을 떠나 말을 서서히 모는 찰나에, 어떤 사슴이 몹시 당황하여 미친 듯이 날뛰다가 피를 토하면서 죽고 말이 놀라 넘어지니 이는 해괴한 일이라, 이리저리 생각해보건대, 아니 귀신이 그 제사에 내가 고기를 쓰지 아니했기 때문에 그런 것인지. 아니면 그 보답에 대한 사례의 인사가 늦었다 해서 나를 깨우쳐주는 것인지! 어쨌든 제수를 희생(犧牲)으로 바꾸는 것이 좋을 듯하여 사람을 사당에 보내 잔을 드리노니, 그, 흠향(歆饗)하여 나를 나무라지 말기를 바라는 바이오.

그러니까 정리하자면, 이규보가 나물만 올려 제사를 지내니 온갖 해괴한 일이 일어났다. 곰곰이 따져보니 아무래도 이건 귀신이 반찬 투정을 하는 게 아니면 뭔가 수틀려서 심술을 부리는 거라는 데 생각이 닿았고, 그래서 "어쨌든"이라는 단서를 붙여 사슴 한 마리를 부랴부랴 제수로 쓴 것이다.

아무리 고려 사회에 불교의 영향이 진했다고는 해도 '꼬기'에 대한 갈망은 예나 지나 크게 다르지 않았던가 보다. 오죽하면 나루터의 신마저 제수로 나물만 올렸다고 짜증을 다 냈을까. 근래 회자되는 "기분이 저기압이면 고기 앞으로"라는 말의 연원이 이렇게 오래되었다. 회자(膾炙), 곧 '회와 구운 고기'라는 말이 나온 김에, 이번에는 생선회 이야기를 한번 살펴보자.

생선회와 게찜을 즐긴
미식가

남헌장로는 해 높이 뜨도록 잠을 자다가
이불 둘러쓰고 해어진 털방석에 앉았네
붉은 생선을 회로 쳐서 바야흐로 먹고자
술을 반쯤 기울이자 벌써 취해 쓰러졌네

《동국이상국집》 후집 권2에 실린 〈남헌에서 우연히 읊다[南軒偶吟]〉
라는 시다. '남헌장로南軒長老'는 이규보가 만년에 자기를 일컬은 아호
이다.

나는 늘 집의 한쪽 남헌南軒에 거처하며 담박하게 지내고 있었다.

그로 인하여 남헌거사南軒居士라 스스로 부르기도 하고, 남헌장로
라 스스로 일컫기도 하였다.
－《동국이상국집》 후집 권2, 고율시, 〈남헌에서 희롱삼아 짓다[南
軒戲作]〉의 서문

여기서 이규보는 '붉은 생선[紅鱗]'을 회 뜨고 술잔을 기울인다. 붉
은 생선이라……. 떠오르는 것은 도미 종류인데, 당시를 살아보지 못
했으니 이규보가 어떤 물고기를 먹은 것인지는 잘 모르겠다. 생선회
에는 소주가 제격인데, 이규보 시대에는 소주가 없었다. 술을 증류시
켜 독하게 만드는 소주 제조법은 원래 아라비아와 이란 지역에서 개
발되어 우리나라에는 13세기 말 고려 충렬왕忠烈王 때 원元나라를 거
쳐 들어온 것으로 알려져 있다. 지금도 전통 소주로 유명한 안동, 개
성, 제주는 바로 몽골군이 오래 주둔했던 곳이다. 개성에서는 소주를
'아락주'라고 했는데 이는 아라비아에서 증류주를 부르는 이름인 아
라크arag에서 유래했다는 게 정설이다.
　이야기가 잠깐 딴 데로 샜지만, 어쨌건 이규보가 소주를 마셨을 가
능성은 매우 적다. 그가 집에서 마셨다면 아마 청주나 막걸리―이규
보식 표현으로는 백주白酒―였겠다. 그런데 이규보가 고작 반병 술에
취해 넘어갔단다. 술꾼 백운거사가 겨우 술 반병에 취해 쓰러졌다니
어째 셜록 홈즈가 숙적 모리어티 교수에게 속아 넘어갔다는 말처럼
들린다. 아닌 게 아니라 이규보가 나이 들어 병을 얻었을 때 지은 시
중에는 "아내와 아이들이 점점 술잔 적게 드는 것 괴이하게 여기네"*

*《동국이상국집》 후집 권2, 고율시, 〈병중에 짓다[病中有作]〉.

[그림 9] 〈어해도 8곡병魚蟹圖八曲屛〉(부분)

이규보는 술잔을 기울일 때면 생선회와 게찜을 안주로 즐긴 듯하다. 이 그림은 물고기와 게, 새우 등이 같이 그려진 조선 후기의 민화이다. 민화에서 물고기는 알을 많이 낳으므로 다산을 뜻하는 동시에 '물고기 어魚'의 중국어 발음이 '남을 여餘'와 같아 부귀함을 상징하며, 게는 껍질이 갑옷처럼 딱딱하므로 갑과甲科 곧 장원급제를 의미한다고 한다. 만약 이규보가 이 그림을 봤다면 그저 술안주 생각에 침을 질질 흘렸을지도 모르겠지만.

*소장처: 국립중앙박물관

라느 것도 있다. "세상에, 저 이가이 술을 덜 마신다고?"라고 놀라는 부인의 모습이 그려진다.

〈남헌에서 우연히 읊다〉는 '생선회'가 등장하는 우리나라 최초의 기록으로도 평가받는다. 흔히 생선회 하면 일본을 떠올리지만, 중국에서도 일찍이《시경》이나《논어》같은 고전에 회 이야기가 나오는 것은 물론이고 당나라나 송나라 때까지도 사람들이 회를 즐겼다. 선사시대 유적에서 생선을 잡기 위한 낚싯바늘이나 그물추가 적지 않게 출토되는 것을 보면, 우리나라도 오래전부터 날생선을 회로 떠서 먹는 문화가 있었을 것으로 추정되긴 하나 문헌으로 보이는 기록은 없다. 하지만 적어도 이규보가 살던 13세기 초에는 고려 사람들이 생선을 회쳐서 먹을 줄 알았다고 말할 수 있겠다.

생선은 그렇다 치고 다른 수산물 또한 이규보는 별로 가리지 않았던 듯하다. 그중에서도 이규보가 시를 지어 특별히 예찬한 게 있었으니 바로 '게'였다. "니들이 게 맛을 알아?"라는 멘트를 직접 TV에서 본 적이 있다면 아마 30대 이상이리라. 모 햄버거 프랜차이즈에서《노인과 바다》를 패러디해서 내보냈던 광고의 멘트다. 정작 광고의 대상이 되었던 버거는 스리슬쩍 사라졌지만, 그 광고만은 밈meme이 되어 여전히 살아남았다. 이유가 뭘까?

다른 무엇보다 '게'에 대한 환상이 깊이 각인되어 있기 때문이 아닐까? 알레르기 반응을 일으키는 사람도 있고 종교적인 이유로 먹지 않는 사람도 많지만, 많은 이들이 게 같은 갑각류를 좋아한다. 국물을 내면 그 시원함에 절로 술이 깨고, 쪄 먹으면 결결이 풀어지는 살이 부드러우며, 장에 담그면 독특한 풍미가 감돈다.

백운거사도 게를 제법 즐겼다. 어느 날 그의 집에 먹을 것이 다 떨어졌는데, 강가에 살던 누군가—강동江童이라 했으니 이규보보다 훨씬 어린 사람이었던 모양인데—가 살찐 암게 여러 마리를 잡아 보냈다. 솥에 넣고 쪄서 쫘악 갈라보니 알이 꽉 찼다. 안주가 갖추어졌으니 술이 빠질쏘냐. 때마침 담가 두었던 술이 익었다. 한 손에는 게, 한 손에는 술잔. 세상 부러울 것 없는 술상이었으리라.

그대 보지 못했던가! 필탁畢卓은 술 마시느라 딴생각 하지 않고
다만 게를 잡으며 일생을 마치기 바랐었음을
또 보지 못했던가! 전곤錢昆이 발령받을 때 다른 건 구하지 않고
오직 게가 있고 통판通判 없는 고을만 생각했음을
성성이 입술 곰 발바닥도 입맛을 새롭게 하지만
다만 이 게 맛이 응당 술에 더욱 맞음이리라
강마을 아이가 내게 살찐 게를 보내왔는데
큰 딱지 둥근 배가 모두 암놈이로구나
……
삶아서 단단해진 붉은 껍질 갈라서 깨니
껍질 절반은 노란 기름, 거기 푸른 즙이 섞였도다
비록 너는 진흙탕에 뛰어다니기 좋아하겠지만
오히려 사마륜司馬倫의 분풀이를 받았었지
차라리 나의 왼손에 들어와서
날마다 마시는 술에 안주됨만 같으랴
……
굳은 물고기 썩은 고기도 탐낸 지 오래거늘
하물며 이것은 바다에서 나 엿처럼 달달함에랴

머슴아이 급히 불러 새 독을 열어보니

하얀 구더기 솟아올라 향기가 떠다닌다

게는 금액金液이고 술은 봉래주蓬萊酒라

어찌 반드시 단약丹藥 먹고 신선되기 구하랴

－《동국이상국집》 전집 권7, 고율시, 〈찐 게를 먹으며[食蒸蟹]〉

이 시에는 여러 종의 고사故事가 인용되어 있다. 다소 장황하지만 처음부터 하나하나 설명해보겠다. 우선 필탁(?~?)은 중국 진晉나라 사람으로, 워낙 게와 술을 즐겨 평소 입버릇처럼 "한 손은 게 다리 집고, 한 손은 술잔 쥔 채, 술 연못 속에 빠져 내 인생 마치면 좋겠네"라고 말했다고 한다.

또 전곤(?~?)은 송宋나라 초기 관료였는데 과거에 합격한 뒤 황제가 어디로 발령받고 싶으냐고 묻자 "게가 있고 통판이 없는 고을이 제가 평소 바라는 곳이옵니다"라고 했다. 통판은 지금으로 치면 부시장이라고 할 수 있다. 그러나 권한은 부시장보다 컸다. 시장 격인 지주知州가 명을 내려도 통판의 서명이 없으면 시행할 수 없었다. 전곤의 말은 통치에 그런 제약이 없는 고을이면 좋겠다는 뜻이다. 그런데 그에 버금가는 조건이 바로 게의 유무였다.

사마륜(240~301)은 사마의司馬懿(179~251)의 아들로 진나라 황족이었다. 일찍이 해계解系(?~300)와 함께 저강氐羌을 토벌했는데, 해계와 틈이 생겨 자주 다투었다. 뒷날 팔왕八王의 난이 일어나자 사마륜이 해계를 죽이려 하면서 "나는 물속에 있는 게만 보아도 밉다"고 했단다. 해계의 성 해解와 게의 한자 해蟹의 음이 같기 때문이다.

이 고사들은 공통점이 있다. 모두 '게'하고 직접 관계된다는 점이

[그림 10] 죽간과 게젓갈 도기陶器

게젓갈을 담가 개경에 보낸다고 적힌 태안 마도 1호선 출
수出水 죽간과 게젓갈로 추정되는 유기물이 들어 있는 상
태로 출수된 도기 항아리. 둘 다 국립해양유산연구소 소장.

*출처: 국립해양문화재연구소 태안해양유물전시관, 《국립
태안해양유물전시관》(상설전시 도록), 국립해양문화재연구
소 태안해양유물전시관, 2019, 81쪽; 국립해양문화재연구
소, 《태안마도1호선 수중발굴보고서》, 국립해양문화재연
구소, 2010, 249쪽.

[그림 11] 청동으로 만든 고려시대 수저
* 소장처: 국립중앙박물관

다. 신선이 즐기는 '금액金液'이니 뭐니 하는 온갖 미사여구뿐만 아니라 역사적 전고典故까지 끌어들여서 찬양하고 싶은 대상, 이규보에게게는 바로 그런 존재였다.

고려시대에 게를 즐긴 이는 이규보만이 아니었다. 최근 들어 서해안 일대에서 고려시대 선박이 여럿 확인되고 있다. 대개는 고려시대 각 지방의 산물을 개경으로 실어 나르던 조운선漕運船이거나 사적 성격의 연안 무역선으로 추정되는데, 그중 '마도 1호선'이라고 이름이 붙여진 배 밑부분에서 도기 항아리가 한가득 나왔다. 항아리 입구에는 안에 무엇이 담겼고 어디로 보낸다는 내용이 적힌 대나무 꼬리표(죽간竹簡)가 끈으로 묶여 걸려 있었는데, 그중 이런 내용이 적힌 것이 있었다.

죽산현竹山縣에서 개경에 있는 교위校尉 윤방준尹邦俊 댁에 올리는 게젓[蟹醢] 한 항아리. 네 말[斗]이 들어갔다.

죽산현은 지금의 전라남도 해남군 일대에 있었던 고려시대의 행정 구역이다. 거기서 잡은 게를 젓갈로 담가 개경에 보낸 것이다. 실제로 이 죽간이 걸린 항아리 안에서 게의 잔해가 나왔는데, 분석해보니 우리나라 서해안과 남해안 갯벌에 많이 서식하는 '농게'였다고 한다. 고려시대 전라도 지역에서는 농게를 젓갈로 만들어 반찬으로 즐겼고, 그 명성이 개경까지 퍼져 있었던 모양이다. 고려 후기 문인 목은牧隱 이색李穡(1328~1396)도 자신의 시에 지방에서 세찬歲饌으로 올려 보냈던 게를 언급한 것을 보면, 고려시대 내내 게의 인기가 대단했던 듯하다.

지방에서 설이 되면 예물을 바치는데
조정의 대성臺省에서 그 권한을 가지었네
······
자줏빛 게와 붉은 새우에 바다 기러기를 더하고
산비둘기와 꿩에다 또 숲을 뛰놀던 노루까지
······
-《목은시고牧隱詩稿》 권4, 시, 〈설날 선물을 읊다[詠饌歲]〉 중에서

버섯 향기 그윽하고
미나리는 맛이 좋아

관군은 이달 아무 날 동경東京(경주)을 떠나 운문산雲門山으로 들어
가 주둔하였는데, 초적草賊이 또한 조금 없어져 군대 안에 별달리
일이 없고, 다만 소나무 아래 새로 돋은 버섯을 따서 불에 구워 먹
으니 아주 맛있구려.

–《동국이상국집》전집 권27, 서書, 〈전이지全履之, 박환고朴還古 두
친구가 서울에서 안부를 물은 데 답하는 편지[答全朴兩友生自京師致
問手書]〉 중에서

1202년(신종 5), 지금의 경주 일대에서 신라 부흥을 명분으로 민심
을 선동한 이비利備(?~1203)·패좌孛佐(?~1203) 무리가 난을 일으켰다.

무인 집권자들이 토지를 강제로 뺏고 지방 관리들이 재물을 토색질하면서 농민들의 생활이 궁해지자 동경을 중심으로 몇 차례 민란이 일어났다. 이미 10여 년 전 1193년(명종 23) 청도 운문사 일대에서 김사미金沙彌(?~1194)와 효심孝心(?~?)이 대규모 민란을 일으켰던 적이 있어 고려 조정에서는 대대적으로 토벌군을 편성하여 난을 조기 진압하려 했다.

이규보는 이때 병마녹사 겸 수제원이라는 직책으로 종군하여 경상도로 내려갔는데, 위의 글은 그때 운문사 근처에 진을 치고 있으면서 지인에게 쓴 편지 일부다. 이를 보면 이규보는 평소에도 버섯을 퍽 좋아한 것 같다. "소나무 아래 새로 돋은 버섯"이라니 송이버섯이 아닐까 싶다. 이규보의 시 중에 송이버섯을 읊은 게 있는데, 읽다보면 절로 구워 먹고 싶어진다. 아, 연기를 따라 올라오는 송이버섯의 향기라니…….

버섯은 썩은 땅에서 나거나
아니면 나무에 붙어서 난다
썩은 데서 나오곤 하기에
흔히들 중독되는 일이 많다
이 버섯만은 소나무 아래에서 나
항상 솔 이파리에 덮였단다
소나무 훈기薰氣가 있어서인지
맑은 향기 어찌 그리도 많은가
향기 따라 처음으로 얻으니
몇 개만 해도 한 움큼이라

내 든자니 복령[松伣] 먹는 사람

신선 되는 길 가장 빠르단다

이 또한 솔 기운의 나머지

어찌 약 종류가 아니랴

—《동국이상국집》 전집 권14, 고율시, 〈송이버섯을 먹다[食松菌]〉

이렇듯 이규보는 먹는 얘기를 참 많이 남겼다. 그런데 그런 그가 생
선이나 돼지고기보다 낫다고 한 게 있었으니 바로 미나리였다. 찬거리

[그림 12] 〈버섯과 앵두〉

이당以堂 김은호金殷鎬(1892~1979)의 제자로 서화협회전, 조선미술전람회 등에서 두각
을 나타낸 일관一觀 이석호李碩鎬(1904~1971)의 그림. 수묵으로 송이버섯을 그린 보기
드문 작품이다. 이규보가 극찬한 송이버섯도 아마 이런 모습이었을 것이다. 개인 소장.

가 없던 어느 날,《파한집破閑集》*의 저자 이인로의 아들이 아버지 친구인 이규보를 위해 미나리를 좀 보내주었던 모양이다. 미나리꽝에서 갓 베어와 흙 씻어내고 솥에 넣어 삶아 쌀밥과 함께 먹으니 그런 진미가 또 없다. 이에 이규보는 이규보답게 시를 지어 후의에 회답했다.

> 이내 생애 가난에 익숙해져
> 요즘은 채소마저 얻기 어려웠더니
> 그대의 편지 움막집을 끝없이 빛내고
> 그대의 선물 구슬로 엮은 자리보다 낫네
> 등을 햇볕에 쪼이듯 아끼니 굳이 귀함에 나아가랴
> 맛이 요리한 생선보다 나으니 반찬으로도 족하네
> 베어내고 남은 줄기야 곧 자라나리니
> 때로 다시 보내 마른 몸 적실 것 잊지 마시게
> ─《동국이상국집》전집 권14, 고율시,〈교서校書 이정李程이 미나리
> 보내며 같이 보낸 시에 차운하다[次韻李程校書惠芹]〉2수 중 첫 번째

*《파한집》은 원래 이름이《파한破閑》이었고, 이와 더불어 언급되곤 하는《보한집補閑集》은 원래 이름이《보한補閑》《속파한續破閑》이었다. 조선 초기에 이르러 책의 성격을 직접 드러내는 '집集'을 제목 뒤에 붙여 간행하면서《파한집》·《보한집》이라는 이름이 굳어지게 되었다고 한다. 여기서는 혼란을 피하기 위해《파한집》·《보한집》으로 쓰되, 고려시대에는 두 책의 이름이《파한》·《보한》《속파한》이었다는 사실을 밝혀둔다.

하늘에서 술이
비처럼 내려와

하지만 뭐니 뭐니 해도 이규보에게 가장 중했던 먹거리는 술이었던 듯하다. 실제 그의 문집 속 시문의 3분의 1 남짓은 술 마시고 읊거나 술을 소재로 읊은 것들이고, 문학 교과서에 실려 유명한 〈국선생전麴先生傳〉도 술이 주인공이다. 그에게 술은 단순한 기호품이 아니라 날마다 함께하는 친구이자 창작의 촉매였다. 오죽하면 이규보 스스로 자신에게 깃든 세 가지 마魔 중 색마色魔는 떨쳤지만 시마詩魔와 주마酒魔는 버리지 못했다고 했겠는가.*

---

* 《동국이상국집》후집 권10, 고율시. 〈내가 나이 들어 오랫동안 색욕을 물리쳤으되 시와 술은 버리지 못했다. 그러나 시와 술도 때로 흥을 붙일 뿐 벽癖을 이루어서는 아니 되니 벽을

[그림 13] 〈수하인물도樹下人物圖〉

조선 후기 화가 호생관毫生館 최북崔北(1712~1786 무렵)이 매화 핀 시냇가에서 드러누워 있는 선비를 그린 그림. 매화향 그윽한 곳에서 술을 마시니 취기가 빠르게 올랐던 것일까. 벗이 보내준 술을 실컷 마신 '술꾼' 이규보도 어느 순간 이렇게 쓰러져 잠을 청했으리라.

*소장처: 국립중앙박물관

한마디로, 이규보는 술을 사랑했다. 그런 그의 집에 술이 떨어졌다? 도저히 견딜 수 없는 일이었을 것이다. 《동국이상국집》 전집 권2에 이런 시가 있다. 제목은 〈술을 보낸 벗에게 사례하다[謝友人送酒]〉.

요사이엔 술잔마저 말라버려
이것이 내 온 집안의 가뭄이었는데
감사하구려 그대 좋은 술을 보내주어
때맞춰 내리는 비처럼 상쾌하네

이규보가 느낀 희열이 스무 자 시에 고스란히 담겨 있다. 오죽 술이 마시고 싶었으면 가뭄 끝의 비에 견주었을까. 이규보가 남긴 시 중에는 빈 술 항아리를 보며 물만 하염없이 들이키는 모습을 처량하게 읊은 것도 있다.*

하늘에서 내리는 '비'를 누가 술을 보내오는 것처럼 기쁜 일 또는 좋은 것에 견주는 표현은 이규보의 다른 시에서도 보인다. 그 시에서 이규보는 이렇게 이야기한다. "하늘에 기도하여 성인을 구한다 해도/ 공자를 비처럼 내려주지 않고/ 땅을 파고 현인을 찾는다 해도/ 안자顔子를 샘처럼 솟게 할 수 없네."** 공자 같은 성인이 비처럼 내려오면 (이규보의 생각에) 오죽 좋을 것인가. 뭐, 〈하늘에서 남자들이 비처럼 내려와It's raining men〉라는 노래도 있으니 말이다.

이루면 곧 마魔가 되는 것이다. 내 이를 걱정한 지 오래이다. 점차 덜어내고자 하여 먼저 삼마시三魔詩를 지어 내 뜻을 보이노라[子年老久已除色慾 猶未去詩酒 詩酒但有時寓興而已 不宜成癖 成癖卽魔 子憂之久矣 漸欲少省 先作三魔詩以見志耳]. 제목이 시 본문보다 더 길다.
 *《동국이상국집》 후집 권3, 고율시, 〈술이 없어서[無酒]〉.
**《동국이상국집》 전집 권1, 고율시, 〈옛일에 부쳐[寓古]〉 3수 중 첫 번째.

막상
멍석을 깔아주면

술 마신 다음 날 아침이 되면 이규보는 묘음卯飮, 곧 해장술을 마셨다. 그러고는 바로 두통에 시달렸다. 그럼에도 이규보는 해장술 찾는 일을 그치지 않았다. "쓸쓸한 마음을 달래기 위해" 광약狂藥을 마신다 했다.* '미친 걸 고치는 약'일까 '미치게 하는 약'일까, 하여간 그렇게 '광약'을 마셨기 때문인지 이규보가 술을 좋아한다는 소문은 절까지 퍼져 있었다. 이규보가 이따금 절에 가면 스님들이 일부러 술상을 내올 정도였다. 이를 두고 이규보는 다음과 같이 읊었다.

* 《동국이상국집》 후집 권10, 고율시, 〈해장술—쌍운[卯飮 雙韻]〉.

내가 지금 산방을 찾아온 것은

술을 마시려고 해서가 아닌데

올 때마다 술자리 베푸시니

얼굴이 두꺼운들 어찌 땀이 안 나리

스님의 격조가 높으신 것은

오직 향기로운 차를 마시기 때문이니

[그림 14] 〈송하음다松下飮茶〉

조선 후기에 활동한 도화서 화원 불염재不染齋 김희성金喜誠(?~1763 이후)을 비롯한 여러 화가의 그림 모음집인 《불염재주인진적첩不染齋主人眞籍帖》에 수록된 현재玄齋 심사정沈師正(1707~1769)의 그림. 산방이 아닌 소나무 아래지만 엄 스님과 차를 마시며 담소를 나누는 이규보의 모습이 그려진다.

*소장처: 국립중앙박물관

몽정蒙頂의 새싹을 따서

혜산惠山의 물로 달인 게 좋다지

한 사발 마시고 한 마디씩 나누어

점점 심오한 경지에 들어간다네

이 즐거움 참으로 맑고 담담하니

어찌 반드시 술에 취할 것 있으리

―《동국이상국집》 후집 권1, 고율시, 〈엄엄 스님을 찾아서[訪嚴師]〉

'몽정'은 중국 쓰촨성四川省의 명산인 몽산蒙山의 정상으로, 여기에서 재배되는 차를 으뜸으로 치곤 했다. 그리고 '혜산'은 장쑤성江蘇省 우시無錫에 있는 산인데, 《다경茶經》을 지은 육우陸羽(733~804)가 물맛을 높이 평가한 샘물이 있다고 한다. 그러니 "몽정의 새싹을 따서/ 혜산의 물로 달인" 차는 얼마나 맛있을 것인가. 이규보가 차에도 조예가 있었음을 짐작케 한다.

이규보는 '선사는 여간해서는 술을 내놓지 않았으나 나에게만은 반드시 술을 대접했다. 그러나 시를 지어 사양했다'는 주를 달아놓았다. 절에서 술 마시는 행위가 당시에는 그럭저럭 보편적인 일이었던 모양이다. 그러나 마시라고 스님이 친히 술을 내어주니 얼굴 두꺼운 이규보 선생도 오히려 염치가 없었던 듯하다. 아니면 자신이 때와 장소를 가리지 않는 취생몽사형 술꾼은 아니라고 변명하고 싶었던 게 아닐까 싶기도 하고.

마시고 마시고 마셔도
목마르네

이렇듯 이규보는 키 크고 덩치도 제법 되었으며 가리는 음식도 별로 없었다. 여기까지만 보면 상당히 건강한 신체의 소유자였구나 생각할지 모르겠다. 하지만 이규보는 어려서부터 병치레가 심했다. 피부병은 물론이고, 생손앓이나 두통, 치통, 천식에 소화불량까지……《동국이상국집》곳곳에는 비루한 몸뚱이를 두고 한탄하는 중년의 안타까움이 고스란히 담긴 시가 여럿 실려 있다. 그중 별 것 아닌 듯해도 이규보를 퍽 괴롭힌 질환이 있었으니 시도 때도 없이 입술이 마르고 갈증이 돋는 증세였다.

내 입술 병이 들어 마르는 것 같지만

[그림 15] 〈청금도聽琴圖〉
명대明代 화가 두근杜堇(?~?)의 그림. 사마상여가 녹기금綠綺琴으로 〈봉구황〉이라는 곡을 연주하며 탁문군을 유혹하는 장면을 그렸다. 사마상여는 소갈증(당뇨)을 앓고 있었는데 이규보 또한 수시로 입술이 마르고 갈증이 돋는 등 소갈증과 비슷한 질환을 가지고 있었다.
*출처: 2010년 베이징 폴리 5주년 봄 경매 〈울렌스 남작 컬렉션의 중국 회화 및 서예〉

소갈증 걸린 사마상여司馬相如는 아니로다
마땅히 저 방온龐蘊와 함께
서강 물을 몽땅 마시리라
―《동국이상국집》 후집 권7, 고율시, 〈입술이 타서[脣焦]〉

다른 시에서는 전부터 "문원文園의 병"을 앓고 있었다고도 했다.*
문원은 한나라 때 문호文豪였던 사마상여(기원전 179~기원전 117)를 가

*《동국이상국집》 전집 권6, 고율시, 〈시후관에서 쉬며[憩施厚館]〉.

리키는 말이니 그가 앓았다는 "문원의 병"은 소갈증, 곧 당뇨를 의미한다. 하지만 증세가 비슷해 보인다고 바로 당뇨병이라고 할 수는 없다. 사마상여는 아내 탁문군卓文君(?~?)과의 로맨스나 작품성 때문에 후대 많은 문인의 존경을 받았다. 그러므로 이규보가 자신의 질환을 그가 앓았던 병에 단순히 빗대었을 가능성도 있다. 그 왜, 고대 중국의 미인 서시西施(?~?)가 가슴 통증 때문에 얼굴을 찡그리는 것을 다른 여성들이 따라했다는 데서 온 '효빈效矉'이라는 고사성어도 있지 않던가.

어쨌건 백운거사, 목이 엄청 말랐던가 보다. 게다가 입술은 트고 갈라진다. 오죽하면 "입술이 탄다"고 했을까. 그가 견딜 수 있는 방법은 시 속 세상에 있었다. 오언절구 스무 자 속에 이규보는 정신승리를 담았다. '나는 사마상여처럼 당뇨를 앓는 게 아니다. 당나라 때 방온(?~808)이라는 분이 큰스님 마조馬祖 도일道一(709~788)에게 들었다는 말처럼, 도를 깨닫기 위해 서강의 물을 다 마신다면 이 갈증도 없어지겠지! 술이 들어가는 것보다 배는 더 부르겠지만.'

아이고 가려워,
평생 피부병에 시달려

이규보는 태어나고 석 달 만에 피부병을 크게 앓았다. 살갗이 크게 헐고 진물이 나서 얼굴을 구분할 수 없었다고 하니, 자칫 죽을 수도 있었다. 다행히 아기 이인저李仁氐*는 살아남았지만, 피부병은 평생 그를 따라다녔다. 이규보가 71세 되던 해 걸린 피부병은 유달리 심했던지, 특별히 시를 지어 그 진행 상황과 치료법을 상세히 기록했다. 오죽 가려웠으면 고치지 못한 의원들을 돌팔이라고 매도했을까. 그 심정 충분히 이해가 간다.

* 이규보의 첫 이름.

내가 지난 가을 8월 30일부터 병이 들었다. 단독丹毒* 같은 것이었는데 지금까지 130여 일을 앓았다. 여러 의원이 주는 약이 모두 효험이 없었는데 우연히 동네에서 권하는 말을 따라 바닷물을 가져다가 목욕을 하니, 그날 밤부터 가렵지 않고 딱딱한 모래알 같은 것도 모두 없어졌다. 그래서 이 시를 지어 여러 의원에게 보여 주어 부끄러움을 느끼게 하였다.

지난해 가을 팔월 그믐에
빨간 좁쌀 온몸에 돋았네
단독 같은데 단독은 아니고
옴은 아니면서 옴인 듯하네
긁으면 매우 시원하지만
긁고 나면 감절은 더 저리고 아프네
통증이 다하면 딱딱한 모래알 되고
빛깔은 짙은 먹물을 뿌린 듯이
다시 가려워져 참기 어려우니
긁어보면 진물이 조금 솟아나네
금방 도리어 두드러기 되니
두꺼비 등짝과 무엇이 다른지
……
의원을 만나도 모두 효험이 없어
어쩔 수 없다고 포기하였네

* 피부가 붉게 달아오르며 열이 나는 감염성 피부질환.

[그림 16] 〈수욕도水浴圖〉

《고려사절요》에는 고려시대 목욕이 종교적 의례에 수반되는 절차, 접대나 영접의 수단, 치료 목적으로 행해졌다고 기록되어 있다. 이규보 역시 가려움증에서 벗어나기 위해 목욕을 하고 그것을 시로 남겼다. 그림은 음력 6월 보름이 되면 계곡과 냇가에 가서 목욕하던 풍습을 그린 조선시대 풍속화.

＊소장처: 국립중앙박물관

우연히 동네 사람들 말을 듣고

바다에서 소금물을 가져왔네

한 번 씻으매 가려움은 금방 낫고

두 번 목욕하니 몸이 맑고 편하네

⋯⋯⋯

– 《동국이상국집》 후집 권2, 고율시, 〈병을 다스리는 시—아울러

서문을 짓다[理病詩 幷序]〉 중에서

바닷물 목욕은 전광렬⋯⋯이 아니라 허준許浚(1539~1615)이 편찬한 《동의보감東醫寶鑑》에도 등장한다. 이에 따르면 소금을 넣고 진하게 끓인 물로 목욕하는 일은 풍風으로 인한 가려움증과 옴을 고치는 데 탁월한데, 바닷물이라면 더욱 효과가 좋다고 한다.* 이규보의 이 시는 그러한 처방이 고려시대—어쩌면 그 이전—에 이미 존재했음을 알려준다.

* 《동의보감》 외형편外形篇 권3, 피부[皮] 단방單方; 탕액편湯液篇 권1, 수부水部.

눈 아픈 것도 서러운데
짝퉁에 속고

나이 들어 눈이 안 보이는 것만큼 서러운 일도 별로 없다 한다. 노안 뿐만 아니라 백내장, 녹내장까지 걱정해야 한다. 지금은 그래도 돋보기를 쓰거나 수술을 하면 좀 낫다지만, 800년 전에 그런 게 있을 리가 있나. 이규보도 눈이 아파 고통을 겪었다. 백내장이었는지 눈동자 안에 하얀 막이 끼었다고 하는데, 이를 고치고자 약재를 백방으로 찾았다. 그 눈물의 기록을 한 번 살펴보자.

밝은 달처럼 눈이 밝았거늘
나같이 조그만 사람이
눈동자 안에 되레 막까지 끼어

마치 구름 덮인 것처럼 약간 방해되네
의원이 말하길 용뇌龍腦가 아니면
끝내 이 병을 고칠 수 없다 하기에
여기저기 구해 봤으나 얻지 못하고
며칠 동안 초조히 걱정만 하였더니
홀연히 귀한 집안에서 얻게 되어
처음에는 매우 기뻐하며 웃었는데
의원의 말에 이는 진짜가 아니고
그 모양만 진짜를 닮았다고 하네
그럼 끝내 치료할 수 없단 말인가
……

－《동국이상국집》후집 권9, 고율
시, 〈눈병이 오래도록 치료되지
못했는데 남들이 눈동자 안에 흰
막이 끼었다고 하므로 이를 개탄
하며 시제로 삼다[眼病久不理 人云
瞳邊有白膜 因嘆之有題]〉 중에서

[그림 17] 용뇌
백내장을 앓고 있던 이규보는 용뇌가
백내장에 좋은 특효약이라는 말을 듣
고 어렵게 구했다. 그러나 의원에게 가
짜라는 말을 듣고 실망하고 만다. 그림
은 나무 중의 나무[木中木]라는 용뇌향
에서 용뇌를 채취하는 모습.

바다를 건너오는 용뇌가 백내장에 특효라는데, 최이의 도움을 받아 기껏 구해놓고보니 가짜였다. 용뇌란 아라비아 사막에서 자라는 용뇌향龍腦香이라는 나무에서 채취한 수지樹脂이니 구하기 어려운 약재임에는 분명하다. 이규보의 실망이 얼마나 컸을지……. 어쩐지 온갖 감언이설에 속아 효능도 의심스러운 건강식품을 사들여 놓았다가 사실을 알고 후회하는 분들이 떠오른다.

나 이런 사람이야

과거에 합격하고서도 오래도록 벼슬을 얻지 못하고, 기껏 얻은 지방관 자리도 떼여 끼니를 거를 정도로 고생하던 이규보 선생이 드디어 6품 참상관參上官에 오른 것은 그의 나이 마흔여덟 되던 1215년, 곧 고종 2년의 일이었다. 그는 그때 임금에게 정사의 잘잘못을 고하고 왕이 필요로 하는 글을 짓는 우정언右正言 지제고知制誥 자리에 오른다. 쉰이 다 되어 정언 자리냐고 수군대는 이들도 있었지만, 이규보는 개의치 않았고 오히려 자랑스러워했다.

그가 이때 지은 시 가운데 얼룩무늬 아롱진 서대犀帶, 곧 무소뿔 허리띠를 두고 지은 시가 전해진다. 서대는 아무나 못 매는 허리띠였다. 오죽하면 의종毅宗 임금이 총애하는 환관에게 서대를 하사했다가 관료들이 집단 사퇴하는 소동까지 벌어졌을까. 이규보도 그저 바라만

보던 서대를 허리에 차게 되니 어찌나 뽐내고 싶었던지, 그 감동을 시로 남겼다.

너를 바라본 게 며칠이나 되었는가
때가 되어 이 몸에도 이르렀도다

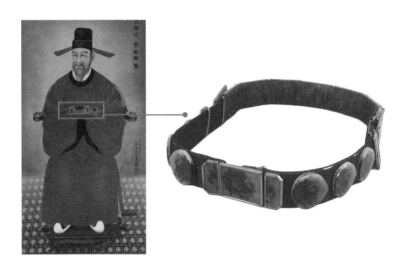

[그림 18] 서대

과거에 합격하고서도 오랜 시간 벼슬을 얻지 못하던 이규보는 마흔여덟 되던 1215년에 드디어 6품 참상관에 올라 아무나 찰 수 없던 서대(무소뿔 허리띠)를 허리에 차게 된다. 자주 추켜올리며 남들이 잘 볼 수 있도록 했다 말하는 시에서 이규보가 얼마나 뿌듯했는지를 짐작할 수 있다. 그림의 서대는 조선시대 관료들이 차던 것이다. 무소뿔은 한약재로도 쓰였다. 고려 후기에 편찬된 의서 《향약구급방鄕藥救急方》에 따르면 무소뿔 달인 물로 식중독을 고친다고 한다. 《향약구급방》의 저자는 높은 벼슬아치가 식중독에 걸리거든 즉시 차고 있던 서대를 깎아 달여 마시기를 권하면서 한 마디를 덧붙였다. "천금같이 귀중한 몸을 어찌 차고 다니는 무소뿔과 더불어 논할 수 있으랴."
*소장처: 국립한글박물관

앞에서 보면 별 차이가 없지만

뒤는 반짝이니 다른 사람이 되었도다

등에 있는 얼룩무늬 보지 못함 아까워

허리에 두른 가죽띠 자주 치켜올린다

연달아 마주치는 말에서 내리는 이

평소와 달라졌음을 비로소 알겠구나

－《동국이상국집》 후집 권1, 고율시, 〈처음 서대를 두르고 짓다[初帶犀作]〉

이 시는 고려 관료들의 허리띠가 조선시대 각대角帶와는 달랐다는 사실도 알려준다. 오늘날의 혁대처럼 가죽으로 만들어 허리에 맞게 두를 수 있도록 했고, 그 가죽띠 위에 장식을 붙였는데 특히 주인의 지위를 가리키는 무소뿔은 뒷부분에만 붙였던 모양이다. 늘상 보고 싶은데 등 뒤에 있어 볼 수 없으니, 괜히 허리띠를 추켜올려 남들에게라도 보여주고 싶었던 이규보 선생, 그가 하고 싶었던 말은 아마도…….

"자네, 이걸 봐도 나를 모른다 하겠는가?"

이규보는 황려黃驪, 곧 지금의 경기도 여주 지역 향리의 자손이었다. 할아버지 대부터 관료 생활을 했기에 집안에 돈이 없는 편은 아니었다. 하지만 세월이 흐르면서 이규보는 그 약간의 재산도 제대로 건사하지 못했다. 《동국이상국집》에 실린 시를 보면 그는 젊어서 이사를 자주 다녔는데, '꾀꼬리 우는 시냇가' 앵계방鶯溪坊, '향을 받드는' 봉향리奉香里를 거쳐 강화 천도로 거처를 옮기기 전 마지막으로 정착한 곳이 개경 남쪽의 색동塞洞이라는 곳이었다. 이름부터가 '막힌 동네'이니 꽤나 궁벽한 동네였던 모양이다. 이규보의 경제 사정이 짐작된다.

하지만 이규보는 그를 곱지 않게 보는 사람들 사이에서 부대끼면서도 나름대로 마음의 여유를 가지려 노력했고 그렇게 하루하루 삶을 살아나갔다. 그리고 그 삶의 기록을 하나하나 시와 산문으로 남겼다.

지친 발걸음 속 잠깐의 여유

이규보, 이 사람이 사는 법

굽히지 않았음을
후회하노라

아무리 좋은 직장이라도 같이 일하는 사람이 힘들게 한다면 버티기 어려운 법이다. 이 진리는 800년 전에도 크게 다르지 않았다. 이규보는 기껏 얻어낸 첫 직장 전주목에서 같이 일하는 동료와 대판 싸웠다. 그 대가는 파직이었다. 이규보가 개경으로 돌아간 뒤에도 그와 다퉜던 동료는 이규보를 끊임없이 괴롭혔다.

유자劉子가 말하기를,

"사람이 많으면 하늘을 이기고, 하늘이 정하면 또한 사람을 이긴다"라고 하였다.

나는 이 말에 감복한 지 이미 오래였는데, 지금 와서는 더욱 이를 믿게 되었다. 왜냐?

내가 일찍이 완산完山(전주)의 서기로 있다가 동료에게 중상모략을 입어 파면을 당하였다. 서울에 온 뒤로도 그 사람은 여전히 중요한 자리에 앉아서 교묘한 말로 사람을 현혹시키고 있었다. 그래서 9년 동안 관계官界에 진출하지 못하였으니, 이것은 곧 사람이 하늘을 이긴 것이다. 어찌 하늘의 뜻이라고 할 수가 있겠는가?

―《동국이상국집》 전집 권21, 설, 〈하늘과 사람이 서로 이긴다는 데 대한 설[天人相勝說]〉 중에서

"사람이 많으면 하늘을 이기고, 하늘이 정하면 또한 사람을 이긴 다"는 유자의 언명은 원래《사기》〈오자서伍子胥 열전〉에 나오는 말이 다. 사람들이 모여 무언가를 하고자 하면 한동안은 자신들의 뜻을 이룰 수 있지만, 결국 그것은 인위人爲이므로 하늘의 순리를 꺾을 수는 없다는 뜻이다.

이규보를 깎아내리며 벼슬을 못 하게 만든 그 사람은 9년 만에 세상을 버렸다. 반면 이규보는 그해에 당대 문인이라면 누구나 선망하는 문한관文翰官, 곧 국왕이 필요로 하는 글을 짓는 관직에 임명되고, 빠르게 높은 지위에 올라갔다. 이규보는 이를 일러 "바로 하늘이 사람을 이긴 것이다. 사람이 어찌 끝내 방해할 수가 있겠는가?"라고 했다.

하지만 그럼에도 이규보는 "내가 그때 만일 조금만 참고 그와 사이가 나쁘게 되지 않았더라면 반드시 이런 일은 없었을 것이다"라는 회한의 말을 남겼다. 운명이 자신을 끝내 귀하게 만들긴 했지만 인간관계를 좀 살폈다면 더 순탄하지 않았을까 하는 의미일 게다.

사실 지금의 직장인 가운데 일터에서 동료에게, 윗분들께 허리 굽

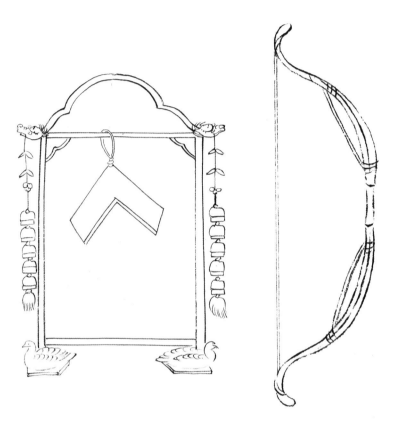

[그림 19] 경거磬虡와 활[弓]

이규보는 첫 직장이던 전주목에서 같이 일하는 동료와 크게 싸운 후 파직당했다.
훗날 그는 당시의 일을 후회하며 인간관계를 잘 살펴야 한다는 잠언을 남긴다.

＊출처:《세종실록世宗實錄》권128 오례五禮 〈악기도설樂器圖說〉;《세종실록》권133
오례五禮 〈군례서례軍禮序例〉.

히지 않을 이가 과연 몇이나 될지? 돈을 벌기 위해, 살아남기 위해, 가족을 먹여 살리기 위해 허리 굽히는 것이 뭐가 대수일까. 먼 훗날, 나이 든 이규보는 세상에 처할 때 ㄱ자 모양의 악기 경쇠[磬]처럼, 시위를 풀어 한껏 굽어버린 활처럼, 남에게 굽실거리던 옛일을 회상하며 다음과 같은 잠언을 남겼다.

> 활처럼 굽히지 않고 항상 곧으면
> 남에게 노여움을 받게 되니라
> 경쇠처럼 굽힐 수 있으면
> 몸에 욕이 미치지 않으리라
> 오직 사람의 화와 복은
> 네가 굽히고 펴는 데 달렸느니라
> ─《동국이상국집》 전집 권19, 잠箴, 〈허리의 잠언[腰箴]〉

물론 그게 말처럼 쉬웠겠는가. 출세를 했으니 되돌아보며 그런 말을 할 수 있었지, 출세하지 못했다면 끊임없이 술자리에서 ㄱ자를 물고 뜯고 씹거나 그저 꾹 참고 하고픈 말을 삼켰을 것이다. 아마 많은 고려의 중·하급 관료나 서리들이 그 비슷한 한을 가지고 살았으리라.

책 읽고 발도 담그고,
그곳이 어찌 잊히랴

하지만 그렇게 허리를 90도로 굽히고 속에 꾹꾹 눌러 담기만 하면서 살았다면 얼마나 힘든 나날이었겠는가. 물론 술을 마시면서 스트레스를 풀기도 했겠지만, 꼭 음주만이 이규보의 유일한 여가생활은 아니었다. 그는 생각보다 다양한 취미를 가지고 있었다. 요즘도 많은 사람이 즐기는 것부터 더듬어보자.

"하, 내가 옛날엔……." 아저씨들의 흔한 레퍼토리다. 지나간 시절을 떠올리면서 자랑하기도 하고, 그때 그 몸인 줄 알고 똑같이 해보려다가 이젠 늙었음을 깨닫게 되기도 한다. 백운거사도 젊은 시절이 있었다.

구재학당에서 학문을 익히던 때, 여름이 되면 이규보는 개경 근처 귀법사歸法寺에서 친구들과 합숙하며 책을 읽고 시를 지으며 재주를 겨뤘다 날이 한창 더워지면 그들은 근처 계곡에서 찬물에 몸도 씻고, 탁족濯足하며 술 한 잔에 시름을 날렸다. 이를 하과夏課라고 하는데, 이규보는 나이 들어서도 그 시절을 잊지 못했다.

여기는 내 젊을 적 자주 와 노닐던 곳
헤어보니 벌써 서른일곱 해가 되었네
물은 옛 물이나 사람은 옛사람 아니라 마소
지금 흐르는 물이 어찌 옛 물이겠는지
흰 모시옷 가볍고 머리털 흩날리며 놀았나니
무성한 숲이 깊은 그늘을 드리우는 물가였네

[그림 20] 〈노승탁족도老僧濯足圖〉
조선 후기의 서화가 관아재觀我齋 조영석趙榮祏(1686~1761)이 그린 그림을 이행유李行有(?~?)라는 인물이 모사한 작품. 여름날 계곡물에 발을 담그고 피서避暑하는 스님의 모습을 그렸다. 이규보도 젊은 시절 귀법사 냇가에서 이처럼 발을 씻으며 더위를 물리쳤으리라.
＊소장처: 국립중앙박물관

어릴 때 발 담그고 잔 띄우던 그곳이건만

병든 다리 잠시도 물결에 담그기 어렵네

－《동국이상국집》 전집 권14, 고율시, 〈귀법사의 시냇가에서 느낌

이 있어[歸法寺川上有感]〉

이규보는 시에 이런 주석을 달았다. "여기는 매년 관례를 치른 아이[冠童]들이 하과하던 곳이다. 나도 소년 시절에 자주 와서 공부하였다."

몽골이 쳐들어와 1232년(고종 19) 고려가 강화도로 천도할 때 이규보도 따라갔다. 실향민 신세가 된 만년의 이규보는 갈 수 없는 개경을 그리며 몇 수의 시를 남겼다. 거기서도 귀법사 냇가는 빠지지 않았다.

황량해진 옛 서울 어찌 생각하랴

차라리 잊고서 바보 됨만 못하네

오직 하나 마음을 붙드는 곳이라면

술잔을 주고받던 귀법사 냇가일세

여러 유생이 자주 냇가에 모여 물에 발을 담그고 술을 마셨다.

－《동국이상국집》 후집 권1, 고율시, 〈옛 서울을 생각하며 세 수를

읊다[憶舊京三詠]〉 중 〈귀법사 냇가[歸法寺川邊]〉

고려 '집사' 이규보

《동국이상국집》 전집 권10을 보면, 급제한 지 9년 만에 녹봉으로 1년에 쌀 40석을 받는 전주목 사록 겸 장서기라는 말단 지방관으로 일하다가 그마저 잘리고 개경으로 돌아온 '백수' 이규보가 읊은 시들이 실려 있다. 대개는 자신의 신세를 한탄하는 내용들인데, 재미있는 시가 하나 있다. 제목은 〈검은 고양이 새끼를 얻다[得黑貓兒]〉.

　보송보송 푸르스름한 털
　동글동글 새파란 눈동자
　생김새는 범 새끼 비슷하고
　우는 소리는 쥐들을 겁준다
　붉은 실끈으로 목사리 매고

참새고기를 먹이로 준다

처음엔 발톱 세워 파닥이더니

점차로 꼬리치며 따르는구나

내 옛날엔 살림이 가난타 하여

중년까지 너를 기르지 않았더니

쥐 떼가 제멋대로 설치면서

날이 선 이빨로 집에 구멍을 내고

장롱 속 옷가지를 물어뜯어

너덜너덜 조각을 만들었구나

대낮에 책상 위에서 싸움질하여

나로 하여금 벼룻물 엎지르게도 했네

내 그 미친 짓거리 몹시 미워

장탕張湯의 옥사獄辭를 갖추려 했지만

빨리 달아나므로 잡지는 못하고

공연히 벽만 안고 쫓을 뿐이었네

네가 내 집에 있고부터는

쥐들이 이미 움츠러들었으니

어찌 담장만 완전할 뿐이랴

됫박, 말로 쌓은 곡식도 지키겠다

권하노니 공밥만 먹지 말고

힘껏 노력하여 이 족속을 섬멸하거라

고려시대 고양이도 오늘날 흔히 볼 수 있는 '코리안 숏헤어'와 크게 다르지는 않았던 모양이다. 그건 그렇다 치고, 이규보 집의 쥐들이

[그림 21] 〈영모도翎毛圖〉
고양이와 닭 그림에 특히 뛰어났던 조선 후기 화가 화재和齋 변상벽卞相璧(1726?~1775)의 그림으로 전해지는 〈영모도〉. 쥐 때문에 고민하던 이규보의 시름을 덜어준 검은 고양이의 먼 후손일는지.
＊소장처: 국립중앙박물관

엄청나게 극성이었던 듯하다. 오죽하면 '장탕의 옥사'를 갖추려고 했다 했을까. 장탕(?~기원전 115)은 한漢나라 무제武帝 때 인물로 어릴 적 아버지가 그에게 "찬장을 잘 간수하여라"라고 했는데, 찬장 안의 고기를 쥐가 물어가버리자 아버지가 회초리를 쳤다. 이에 장탕은 쥐구멍을 뒤져 그 쥐를 잡아, 법관처럼 논고장을 쓰고 고문을 한 뒤 사형판결을 내려 쥐를 죽였다고 한다. 그런 장탕을 데려와야 할 정도로 쥐 때문에 골머리를 앓다가 비로소 고양이를 들이고 안도하는 '집사' 이규보의 모습이 훤하다.

〈TV 동물농장〉 같은 프로그램에는 가끔 고양이라면 질색하던 아저씨가 어느 순간 고양이를 받아들이고 귀여워하는 모습이 나온다. 그런 장면을 볼 때마다 800년 전 이규보가 생각나곤 한다.

줄 없는 거문고를
뚱땅거린 풍류

이규보는 한때 자신을 '삼혹호선생三酷好先生'이라 부른 적이 있다. 시와 술, 그리고 거문고를 매우 좋아했기 때문에 붙인 아호이다. 그에게는 줄 없는 거문고가 있었다. 줄이 없을 때는 그냥 어루만지며, 누군가 줄을 매어준 뒤로는 자기 마음대로 뚱땅거리며 즐겼다. 나름대로의 취미생활이랄까.

한 잔 마시고 한 곡조 타서 이것으로 가락을 삼으니, 이것 또한 일생을 보내는 한 가지의 낙이다.
─《동국이상국집》 전집 권23, 기, 〈장식 없는 거문고의 등에 새긴 기록[素琴刻背志]〉 중에서

[그림 22] 〈거문고 타는 신선〉

이규보는 스스로를 '삼혹호선생'이라 일컬을 만큼 시와 술, 그리고 거문고를 매우 좋
아했다. 친구들과 놀러 다니기 위해 설계한 사륜정에 거문고 두는 공간을 마련할 정도
로 그는 거문고를 즐겼다. 그림은 줄 없는 거문고를 타는 신선의 모습이 담긴 《산수인
물첩》 속 연옹 윤덕희의 그림. 줄 없는 거문고를 어루만지던 이규보의 모습이 겹쳐 보
인다.

＊소장처: 국립중앙박물관

이규보가 서른두 살 되던 1199년(신종 2)에 친구들과 놀러 다니기 위해 설계한 사륜정四輪亭에도 거문고를 위한 공간이 있는 것을 보면 어지간히 거문고를 즐겼던 모양이다.* 하지만 벼슬살이를 본격적으로 시작하면서는 거문고를 타기 쉽지 않았던 듯, 중년 이후의 시에서 '거문고'를 시어詩語로 활용한 건 많아도 직접 탔다는 내용은 드물다.

강화도로 피란을 간 후 이규보는 새로운 취미를 붙였다. 다섯 줄 거문고가 아닌 열두 줄 가야금이었다. 후배 박인저朴仁著(?~?)에게서 빌려 7년 만에 타본 가야금은 거문고와 다른 맛이 있었던 모양이다. 몇몇 장단이 손가락을 타고 말하려는 것 같다고 했으니 말이다.

옛 곡조는 모두 다 잊어버렸고

무릇 타지 않은 지가 7년이 되었다.

새 가락은 스스로 타지 못 하네

단지 남아 있는 두서너 장단만이

손가락을 따라 말하려는 것 같네

– 《동국이상국집》 후집 권4, 고율시, 〈유월 팔일 가야금을 얻어 처음으로 타다[六月八日 旣得加耶琴始彈]〉 중 첫 번째

어느덧 나이 일흔이 가까워오자, 이규보는 그렇게 오르고 싶었던 벼슬길에서 내려가기를 바라게 된다. 그가 꿈꾼 퇴직 후의 벗은 술, 그리고 가야금이었다.

* 《동국이상국집》 전집 권23, 기, 〈사륜정에 붙인 기문[四輪亭記]〉.

쇠잔한 이내 몸 벼슬에서 물러나고자

허리에 찬 인수印綬를 풀고자 하네

한가히 집으로 물러가

무엇으로 나날을 보낼까 하니

때로는 가야금을 타며

우리나라 거문고 이름으로 진秦나라의 쟁箏과 같이 생겼는데 내가 즐겨 탄다.

연달아 두강주杜康酒를 마시리

……

－《동국이상국집》후집 권1, 고율시, 〈사직할 생각이 있어서 짓다

[有乞退心有作]〉중에서

졌다, 하지만
항복은 못 한다

이규보는 바둑도 그럭저럭 두었던 듯싶다. 바둑이 늘 그렇듯 이기기도 하고 지기도 했던 모양. 대국에서 한번 크게 진 뒤 상대에게 지어 준 시가 전한다. 상대를 '어른'이라 한 걸 보면 연장자인 것 같은데, 먼저 시를 지어서 놀리니 백운거사 체면에 가만히 있을쏘냐. 그 시에 차운하여 화답했다.

다행히 봄날이라 해가 길기도 하나니
곧장 통쾌히 싸워 자웅을 결단하였소
이겼다고 둘도 없는 솜씨라 자부하지만
졌다고 어찌 한 번 이길 기회 잊겠소

왕방王逢처럼 맹렬한 들불을 놓으러 히니

도개到漑처럼 바람에 흔들리는 방망이가 되지나 마오

그대에게 묻나니 이미 판가름 났다고 항복하랴

이야말로 진秦나라 군사가 치욕을 씻는 때라오

—《동국이상국집》 전집 권11, 고율시, 〈양국준梁國峻 어른과 바둑

을 두다가 졌는데 양 어른이 시로써 자랑하므로 차운하다[與梁丈國

峻圍碁見輸 梁以詩誇之 次韻]〉

왕방은 당나라 때 바둑의 고수로, 당의 대시인 두목杜牧(803~852)
이 〈국기國棋 왕방을 전송하는 시[送國棋王逢]〉를 지어 칭송할 정도였다.
도개는 남북조 시대 양梁나라의 관료로 바둑을 즐겨 양나라의 황제
무제武帝와 바둑을 두곤 했는데, 어떤 때는 밤을 새웠으므로 꾸벅꾸벅
졸기까지 하자 무제가 "초상집의 개 같고/ 바람에 흔들리는 방망이
같구나"라는 시를 지어 조롱했다고 한다.

고려시대 바둑판의 모양이 어땠는지는 정확히 알려진 바 없다. 청
자 바둑판의 파편이 몇 전하기는 하지만 전체 모양이 남아 있지 않고,
나무 바둑판의 경우는 말할 것도 없다. 조선시대 나무 바둑판은 지금
처럼 바둑알 통을 따로 두지 않고 바둑알을 넣기 위한 서랍을 짜 넣은
경우가 많다. 일본의 나라奈良 쇼소인正倉院에 있는 백제 바둑판에도
그렇게 서랍이 달려 있어, 연원이 퍽 오래되었음을 알 수 있다. 바둑
돌로는 조개껍질과 자갈돌, 파도에 씻긴 돌을 이용했고* 드물지만 청
자로 만든 바둑알도 전해진다.

---

*《목은문고牧隱文藁》 권1, 〈바둑돌 이야기[記碁]〉 참조.

[그림 23] 고려시대 바둑돌

[그림 24] 조선시대 나무 바둑판

[그림 25] 〈위기도[圍碁圖]〉

조선 말기 화가 임당[琳塘] 백은배[白殷培](1820~1901)가 그린 풍속화. 대국 중인 두 사람과 옆에서 구경하는 한 사람이 생생하게 묘사되어 있다. 바둑판에 온전히 집중하고 있는 듯한 모습이 묘수를 궁리하는 이규보를 보는 것 같다.

*소장처: 국립중앙박물관

낮잠을 자기에는
역시 비 오는 날

할 일 없으면 무얼 하는 게 좋을까? 아마 대부분은 낮잠 한숨 자고 싶어 하지 않을까. 적당한 낮잠은 두뇌 회전이나 오후 일 처리에 큰 도움이 된다고들 한다. 이규보 선생도 낮잠을 퍽 좋아하신 것 같다. 《동국이상국집》전집 권8을 보면 〈비 오는 날 초당에서 낮잠 자면서[草堂雨中睡]〉라는 시가 있다. 내용은 다음과 같다.

처마 끝에 빗줄기 주룩주룩
귓전을 울리며 잠을 방해하려는지
이르노니 어째서 빗소리 들으면

[그림 26] 〈수하오수도樹下午睡圖〉

풍속화와 산수화뿐만 아니라 인물, 도석, 불화, 화조 등 모든 분야에서 뛰어난 작품을 남긴 조선 후기 화가 단원檀園 김홍도金弘道(1745~1806?)의 그림. 따스한 봄날, 간밤에 내린 비 머금은 복사꽃과 버들가지를 앞에 두고 오수를 즐기는 선비 모습이 비 오는 날 늘어지게 낮잠 자는 이규보와 겹쳐 보인다.

＊소장처: 국립중앙박물관

잠 맛이 그리도 좋은지

갠 날엔 아무리 문을 닫고 있어도

나가고 싶은 생각이 가시지 않더라

그러기에 꿈을 즐기기 어려워서

얼핏 잠이 들다가도 놀라 깨었었지

지금은 장맛비 내리는 중

길은 온통 물바다가 됐네

아무리 친구를 찾으려 한들

지척이 바로 천 리란 말일세

문 두드리는 길손도 없고

뜰에는 사람 발자국이 없네

그러자 잠이 깊이 들어

드릉드릉 천둥처럼 코를 골았네

이 맛은 참으로 말하기 어렵지

임금과 제후인들 어떻게 이런 걸 누릴까 보냐

임금과 제후도 어찌 낮잠을 못 자랴마는

조정에 찾아가는 일 어이 게을리할 수 있으리

800년 전이나 지금이나, 역시 비 오는 날은 그저 늘어지게 낮잠 자는 것이 제격인 모양이다. 기나긴 장마에 길은 질퍽거림을 넘어 물이 넘실대는데 가기는 어딜 가겠는가. 이규보 선생 정도면 빈대떡에 막걸리 한잔 하고 주무시면 더욱더 좋았을 테고.

부처님, 술 좀 마시고
다시 찾아뵙겠습니다

불경 하나 읽기를 마침은

재계齋戒를 마친 때와 같아라

이제야 술 마실 수 있거늘

술상이 어찌 이리 늦는가

–《동국이상국집》후집 권5, 고율시, 《능엄경楞嚴經》을 다 읽고 또

짓다[看經終又作]

고려시대에 불교가 사회 전반에 영향을 끼치고 있었다는 점은 누
구나 인정한다. 신앙의 측면만이 아니라, 사람들의 생활 속에 불교가
녹아들어 있었다. 백운거사 이규보도 불교와 가까웠다. 아들 중 한 명

[그림 27] 〈노승도老僧圖〉

고려는 생활 속에 불교가 녹아들어 있었다는 점에서 불교 국가였다. 이규보 또한 불교
와 가까웠다. 하지만 이규보는 불경을 읽는 이유를 끝내고 빨리 술 마시기 위해서라
말한다. 그야말로 '술꾼'이다. 그림은 조선 후기 문인 화가 윤두서尹斗緖(1668~1715)가
그린 늙은 승려의 모습. 불경을 읽은 후 "술상이 어찌 이리 늦는가"라 말하는 이규보
시주님을 찾아가는지도.

*소장처: 국립중앙박물관

이 머리를 깎고 출가하기도 했고, 불교 관련 글을 많이 지었다. 특히 만년에 불경을 많이 읽은 흔적이 보인다. 《능엄경》은 1권부터 6권까지 외울 정도였다 한다.*

그런데 그렇게 불경을 읽은 이유를, 술꾼 이규보는 이렇게 얘기한다. "다 읽었다. 술은 아직 멀었더냐!"

음, 역시 이규보는 술꾼이었다.

100쪽 그림으로 다시 돌아가서 백운거사께서 손에 쥐고 있는 《능엄경》을 보자. 실로 엮어 제본한, 우리가 아는 옛날 책의 장정이다. 이를 선장線裝이라고 한다. 이러한 장정은 중국에서 송나라 때 처음 나타난다. 하지만 옛날 책은 생각보다 모양새가 다양하다. 두루마리 형태로 만든 권자장卷子裝, 아코디언처럼 접어서 만든 절첩장折帖裝, 종이나 천으로 두껍게 만든 표지로 본문을 감싼 포배장包褙裝 등의 장정 방법이 존재했다. 포배장은 지금도 존재하는 '떡제본'을 생각하면 이해가 빠를 것이다.

조선 초기 고서를 보면 포배장으로 장정된 예가 많다고 한다. 중국에서도 선장이 본격화되는 것은 명대 중기 이후부터이다. 그렇다고 할 때, 이규보의 시대에는 책 하면 구멍을 뚫어 실로 엮는 선장보다 종이못으로 본문을 고정한 뒤 표지를 씌우는 포배장 책이 대부분이었을 가능성이 있다. 하지만 또 그렇지만도 않았을 가능성이 없진 않기 때문에, 이 책에서는 포배장 대신 우리에게 익숙한 고서古書 형태인 선장본으로 '책'을 그렸다. 독자 여러분의 양해를 부탁드린다.

*《동국이상국집》 후집 권6, 고율시, 《능엄경》 제6권까지 외고 짓다[誦楞嚴第六卷有作].

산에 사는 스님이
달빛 탐내어

《동국이상국집》을 보면 이규보가 절에 가서 지은 시가 적지 않다. 당시 사람들에게 절은 종교 공간인 동시에 마음을 내려놓는 휴식의 공간, 책을 읽고 토론하는 공부의 공간이기도 했고, 때에 따라서는 하룻밤 머무를 수 있는 숙박 시설이기도 했다. 어느 날인지는 몰라도 이규보가 산사에서 하루 묵게 되었다. 그날따라 잠이 안 왔는지 절 뜨락을 거닐다가 문득 영감을 얻는다.

산에 사는 스님이 달빛 탐내어
물과 함께 한 병 담뿍 길었다네
절에 이르면 바야흐로 깨달으리

[그림 28] 〈노승간월도老僧看月圖〉

조선 말기 화가 겸현謙玄 우상하禹尙夏(?~?)의 그림. 정적이 깃든 산속에서 한 노승이
언덕 위에 올라앉아 소나무 사이에 뜬 밝은 달을 그윽하게 올려다본다. 이규보가 말한
것처럼 달빛을 탐내 물병 속에 담뿍 길어올 듯한 모습이다.
＊소장처: 북한 조선미술박물관

병 기울이면 달빛 또한 텅 비나니
–《동국이상국집》후집 권1, 고율시, 〈산에서 저녁을 보내며 우물
속의 달을 읊다[山夕詠井中月]〉 2수 중 두 번째

이규보가 남긴 숱한 한시 중에서도 절창으로 꼽히는 시다. 달이 뜬
밤, 스님이 어디선가 물을 길어온다. 은은한 빛이 살짝 밤하늘을 비추
는데 쏴아 하는 물소리만 들린다. 병에 담긴 물에도 달빛이 가득할진
대, 그 물을 부으면 물 위의 빛은 어디로 갈 것인가. 스님은 이를 아는
지 모르는지, 시인의 눈에 담은 정경이 손에서 종이로 옮겨진다. 아마
이규보도 이 시를 짓고 스스로 깜짝 놀랐는지 모르겠다.
　"아니 부처님, 이 시를 정녕 제가 지었단 말입니까?"

지친 나를 받쳐준 너

당당히 시를 지으며, 허리 굽히고 고관 댁을 찾아다니며, 붓을 잡고 일을 하며, 때때로 어디 멀리 다녀오고서는 가까스로 돌아온 집. 그 집에서 이규보는 무얼 했을까. 우선 지친 몸을 편안케 한 것을 살펴보면……

> 나의 고달픔을 붙들어준 것은 너요
> 너의 짧아진 다리를 고친 것은 나로다
> 같이 병들어서 서로 구제하였으니
> 누가 그 공을 차지할 것인가
> ─《동국이상국집》전집 권19, 명銘, 〈부러진 다리를 이어붙인 궤의
> 명[續折足几銘]〉

[그림 29] 〈관폭도觀瀑圖〉

조선 중기 왕족 출신 화가 학림정鶴林正 이
경윤李慶胤(1545~1611)의 《낙파연주첩駱坡
聯珠帖》에 수록된 그림. 이규보도 그림의 선
비처럼 피곤하거나 술에 취해 몸을 가누기
어려울 때면 몸을 기울여 팔을 궤에 받치곤
했으리라.

*소장처: 국립중앙박물관

'궤几'란 양반다리를 하고 한쪽으로 비스듬히 몸을 기울일 때 쓰는 일종의 팔받침이다. 이규보 같은 문인이 서재에서 오래도록 글을 구상하다 피곤해지거나, 술 한잔 걸치고 들어와서 몸을 기댈 때 자주 썼음직한 가구이다. 그러니 이규보의 입장에서는 퍽 애착이 가는 물건이었을 게다.

그런데 언제였는지 그 궤의 다리가 하나 부러진 모양이다. 기대려고 하면 기우뚱거리니 이거 참 곤란할 수밖에. 그래서 새 나무를 가져다가 말끔히 고쳤다. 이규보가 직접 고쳤는지 하인을 시켰는지는 모르겠지만, 어쨌건 다시금 튼튼해진 궤에 피곤한 몸을 기대며 백운거사는 동병상련을 느꼈다. 너는 나를 지탱해주고, 나는 너를 고쳤으니, 누가 더 공이 있다 할 것 없이 서로를 도왔구나!

차맷돌을
돌리고 돌리고호

요즘은 '별다방'에 가서 언제든 시켜 먹을 수 있는 것이 '말차' 무엇무엇이다. 말차 라떼, 말차 프라푸치노, 말차 아이스크림, 이젠 말차 슈페너에 말차 아포가토까지 나왔다나. 하지만 예전에 말차抹茶, 곧 가루차는 흔하게 접할 수 있는 쉬운 물건이 아니었다.

수확 몇 주 전부터 차광막을 쳐 그늘에서 기른 찻잎을 말려 줄기와 잎맥을 떼고 가루로 만들거나, 떡처럼 만들어 말린 단차團茶를 떼어내 가루로 만들어야 완성된다. 보통 공이 드는 게 아닌 상품인 것이다. 다른 건 차치하고라도 마른 이파리를 가루 내야 하는데 그 시절에 믹서가 어디 있나? 맷돌에 가는 수밖에 없었다. 맷돌에서 나온 찻잎 가루를 완碗에 담아 물을 부어 젓고, 다시 뜨거운 물을 부어 마시는 게 옛날 송나라와 고려 때 차 마시던 방법이었다. 일본에서 다도를 배우신 분들이 다완에 말차를 풀어 젓는 모습을 떠올리면 이해가 쉬울까.

최승로崔承老(927~989)가 〈시무 28조〉에서 성종成宗에게 "사사로이 듣자옵건대, 성상聖上께서 공덕재功德齋를 베풀기 위하여 혹은 친히 차를 맷돌에 갈기도 하고 혹은 친히 보리를 갈기도 한다 하니……"라는 쓴소리를 한 데서도 보이듯, 맷돌로 차를 가는 방법은 고려에 꽤 일찍이 들어와 있었다. 고려 차맷돌이 실제 유물로도 여러 점 남아 있는데, 생김새는 익히 아는 맷돌과 비슷하지만 좀 작고 훨씬 야무지게 생겼다.

이규보 선생에게도 친구가 선물로 준 차맷돌이 하나 있었다. 집에서 퍽 열심히 차를 갈아 마셨던지 하루는 이를 두고 시를 한 수 읊어 그 친구에게 보냈다.

돌 쪼아 바퀴 하나 이뤘으니
돌리는 덴 팔뚝 하나 쓰누나
그대 어찌 차를 마시지 않고
초가집에 사는 내게 보냈나
내 유독 잠 즐기는 걸 알아
이것을 나에게 부친 게야
찻잎 갈며 푸른 향기 나오니
그대의 뜻 더욱 고맙소이다
– 《동국이상국집》 전집 권14,
고율시, 〈차맷돌을 준 사람에
게 사례하다[謝人贈茶磨]〉

[그림 30] 차맷돌
청주 사뇌사思惱寺 터에서 출토된
고려시대 차맷돌.
*소장처: 국립청주박물관

[그림 31] 〈연차도攆茶圖〉

남송南宋 사대가四大家의 하나로 꼽히는 화가 유송년劉松年(?~1225 이후)의 작품. 다회茶會를 준비하는 장면인데, 왼쪽 아래에 차맷돌을 한 손으로 돌리며 찻잎을 가는 인물이 보인다. 이규보도 이 사람처럼 친구가 선물로 준 차맷돌로 열심히 차를 갈고 마셨으리라.

＊소장처: 타이완 국립고궁박물원

차를 마시면 잠이 달아난다는 사실을 예선 분들노 알고 있었다. 이규보도 그 효험을 보았던가 보다. 맷돌에서 '푸른 향기'가 나온다 했으니 아마 단차가 아니라 차광* 재배해서 푸른 기가 남아 있는 찻잎을 썼던 모양이다. 어쨌건 그는 그 맷돌을 써서 말차를 직접 만들어 마셨고, 그 후기를 이렇게 시로 남겼다. 그가 간 지 700여 년이 넘은 지금, 대시인이 팔뚝 하나로 찻잎을 끝없이 갈았던 그 차맷돌은 과연 어디에 있을까.

* 햇빛이나 불빛이 밖으로 새거나 들어오지 않도록 가리개로 막아서 가림.

꽃 피고 풀 자라는
시인의 집

젊어서 내키는 대로 즐겨 꽃을 찾았건만

이제는 늙고 말았으니 어찌하랴

……

우리 집 밭두둑 한 구석에

노란색 꽃 그 무엇과 닮았는가

처음에는 어렴풋이 장미 같다 여겼는데

누가 이르기를 지당화地棠花가 이거라네

모든 꽃을 다 피우고 하늘이 처음 한가할 제

이 꽃 그제야 피니 누가 보길 기다리는고

……

[그림 32] 〈목련도木蓮圖〉
근대 한국화단의 큰 어른이었던 문인화가
구룡산인九龍山人 김용진金容鎭(1878~1968)
의 그림. 나뭇가지 끝에서 꽃을 틔우기 시작
한 목련의 모습이 이규보의 뜰에 피었던 목
련과 닮지 않았을까 상상해본다.
*소장처: 국립중앙박물관

－《동국이상국집》후집 권3, 고율시, 〈황매화[地棠]〉 중에서

젊어서 내키는 대로 즐겨 꽃을 찾았다고 할 정도로 이규보는 꽃과 풀, 곧 화초도 제법 좋아했다. 집 뜨락에 심은 장미 아래에서 친구와 술을 마시기도 하고* 꽃과 자신이 주거니 받거니 대화를 나누는 형식의 연작시를 남기기도 했다.**

어느 날, 그의 집에 봄이 찾아왔다. 꽃봉오리가 붓끝을 닮았다 하여 목필화木筆花라고도 하는 목련이 꽃을 틔운 것이다. 고개 들어 한참 바라보다가 아래를 내려다보니 부추 잎처럼 길쭉한 풀들이 자라 있었다. 약재로 쓰는 맥문동麥門冬, 다른 말로 서대초書帶草였다. 옛날 중국 한나라 때 학자 정현鄭玄(127~200)이 제자를 기르던 곳에서 자생했다던가.

길고 질겨서 책을 묶는 데 썼다는 풀, 거기에 붓을 닮은 꽃까지. 글자로 몸을 살찌우고 술로 영혼을 먹이던 백운거사는 금세 시 한 수를 지어냈다.

하늘이 무슨 물건 그리려
먼저 목련을 피게 했는지
좋구나 서대초와 더불어
시인의 뜨락에 심었음이
－《동국이상국집》전집 권12, 고율시, 〈목필화木筆花〉

*《동국이상국집》전집 권2, 고율시, 〈집 동산 장미꽃 아래 술을 마시면서 전이지에게 주다[飮家園薔薇下 贈全履之]〉.
**《동국이상국집》후집 권3, 고율시, 〈꽃이 주인에게 알리기를—백거이白居易(772~846)의 체를 본받아서[花報主人 效樂天體]〉.

이규보에게도 피로 이어진 가족이 있었고, 같이 부대끼던 친구가 있었으며, 알음알음 알고 지내던 사람도 적지 않았다. 지금의 우리와 마찬가지로 이규보의 삶에서 가족, 벗, 그리고 지인知人들은 매우 큰 부분을 차지했다. 그들은 축 처진 백운거사를 북돋아주고 경제적·정신적으로 후원했다. 젊은 시절 이규보의 글에는 그런 도움에 고마워하면서도 민망해하는 모습이 언뜻언뜻 엿보인다. 허세를 부리는 듯하지만, 자신의 처지가 보잘것없어서 그 은혜를 어떻게 갚아야 할지 고민하는 모습이 뻔히 보인다 할까. 그러면서도 웃음을 잃지 않고 있는 점이 과연 이규보답지만 말이다.

물론 그들이 도움만 준 것은 아니다. 이규보에게 뜻하지 않게 아픔과 슬픔을 주기도 했다. 그럴 때마다 이규보의 붓끝엔 먹물이 아니라 눈물이 맺히지 않았을까 하는 생각이 든다. 그가 지은 애사哀詞나 묘지명 등은, 글의 성격상 애상이 깃들 수밖에 없지만, 어떨 땐 소리 내어 읽으며 엉엉 울고 싶을 때도 생기니 말이다.

그대가 없었다면

이규보의 가족과 친구, 그리고 아는 사람들

이규보의
삼족三族

이규보의 본관은 황려현, 곧 지금의 경기도 여주시 일대다. 고려시대
의 '본관'은 선대의 출자出自를 나타내는 지역명이므로, 이규보의 선
대가 대대로 황려 지역에서 살았음을 알 수 있다. 그의 묘지명을 보면
가족관계가 다음과 같이 나온다.

증조할아버지는 이은백李殷伯(?~?)으로 중윤中尹이었고, 할아버지
는 이화李和(?~?)로 검교대장군口교위檢校大將軍口校尉였으며, 아버
지는 이윤수李允綏로 호부낭중戶部郞中이었고, 어머니 김씨는 금양
현인金壤縣人으로 공 덕분에 금란군군金蘭郡君으로 봉해졌는데, 울
진현위蔚珍縣尉 김시정金施政(?~?)의 딸이다. …… 대부경大府卿 진

승嵊(?~?)의 둘째 딸에게 장가들어 4남 2녀를 낳았다. 맏아들은 관灌인데 공보다 앞서 죽었으며, 함涵은 지금 지홍주사부사知洪州事副使가 되었고, 징澄은 경선점녹사慶仙店錄事, 제濟는 서대비원녹사西大悲院錄事다. 맏딸은 내시內侍로 들어간 액정내알자감掖庭內謁者監 이유신李惟信(?~?)에게 출가하고, 다음은 내시 경희궁녹사慶禧宮錄事 고백천高伯梴(?~?)에게 출가하였다.

– 이수, 〈이규보 묘지명〉 중에서

이규보의 증조할아버지는 향리의 직임인 9품 중윤을 맡았다. 고려 시대 향리는 지역 지배층으로 본관 내에 기반을 두고 있었다. 이런 점에서 증조할아버지의 직임은 이규보의 부계가 증조할아버지 대까지 대대로 황려 지역 향리였음을 알려준다. 하지만 그의 아들, 곧 이규보의 할아버지는 개경으로 올라와 9품 무관직에 종사했고, 아버지 이윤수는 5품 문관직인 호부낭중을 역임했다. 5품이면 음서蔭敍가 가능한 직급이었지만, 이규보는 음서를 활용하지 못했다. 이윤수가 호부낭중이 되고 얼마 안 되어 숨을 거둔 탓이 아닐까 한다. 그런데 다른 자료를 보면 이윤수의 동생 이부李富(?~?)는 종3품 대장군大將軍, 서북면지병마사西北面知兵馬事 등을 지냈다는 것을 보아 무반이었고 그 아들로 추정되는, 이규보의 사촌 형도 정4품 장군 자리에 있었다.* 형제지간에 문반과 무반으로 출세의 방법이 달랐던 것인데, 무신정권의 시대여서 그랬는지 문반인 이규보 쪽이 오히려 가난했던 것 같다.

* 《고려사》 권20, 세가20 명종 2, 명종 9년 기해; 《동국이상국집》 권37, 애사·제문, 〈사촌 형님 장군에게 올리는 제문[祭從兄將軍文]〉.

[그림 33] 〈청심루淸心樓〉

조선 후기 어떤 화가가 금강산을 포함하여 모두 75곳의 아름다운 경치를 그린 두루마리 그림 《금
강산도권金剛山圖卷》에 수록된 그림. 이규보의 선대가 대대로 살았던 경기도 여주의 모습도 그려
져 있다. 지금의 여주초등학교 교정에 있었던 청심루는 남한강가에 바짝 붙어 있어, 강산江山을
바라보는 풍광이 뛰어난 누각이었다. 그래서 고려시대부터 조선 후기까지 많은 시인들이 들러
작품을 남기곤 했다.

＊소장처: 국립중앙박물관

그의 외가도 썩 현달한 편은 아니었다. 외할아버지가 올진 고을 현위였다고 했는데, 현위란 고을의 치안을 관할하는 직임으로 요즘으로 치면 경찰서장 정도의 자리다. 이규보의 연보에서 외할아버지를 "중고中古의 이름난 선비"라고 치켜세운 것과 그리 잘 어울리지는 않는다. 《동국이상국집》을 뒤져봐도 어머니 이야기는 가끔 나오지만 외가 쪽 친척은 전혀 등장하지 않는 걸 보면 친가보다도 사정이 좋지 않던 것으로 여겨진다.

이규보의 처가 쪽은 어떨까? 이규보의 장인은 대부경, 곧 고려시대에 재물을 저장하고 상세商稅를 징수하던 관청 대부시大府寺의 종3품 관직을 역임했다. 종3품이면 고려 관료사회에서 결코 낮은 지위가 아니다. 이규보는 아버지를 여읜 뒤 25세 무렵에 혼인했는데, 국자감시와 예부시에 모두 급제하고 나서였다. 장래가 어느 정도 보장되었다 여겨졌기 때문에 비교적 좋은 혼처를 얻은 듯하다.

고려시대에는 남자가 장가丈家를 갔다. 무슨 말인가 하면, 결혼한 뒤 신랑이 신부 집에 들어가 한동안 같이 살았다. 그런 만큼 처가 쪽을 가깝게 여기는 풍조가 있었고, 이규보도 그런 세태에서 벗어나지 않았던 것 같다. 《동국이상국집》을 보면 돌아가신 장인의 덕을 기리며 "무릇 자기가 필요한 것을 다 처가에 기대었으니, 장인과 장모의 은혜가 아버지 어머니와 같사옵니다"라고 쓴 제문*도 있고, 처의 오빠, 곧 손위처남 진공도晉公度(?~?)와는 자주 만나며 같이 다녔다.

---

*《동국이상국집》 전집 권37, 애사·제문, 〈장인인 대부경 진공晉公에게 올리는 제문—장사지내는 곳에서 올린 것이다[祭外舅大府卿晉公文 葬所行]〉.

먼 포구에 흰 연기 자욱하고

맑은 물굽이에 금빛 태양 솟는다

세 사람이 이별의 눈물 뿌리니

바닷물처럼 깊은 정 깨닫는구나

–《동국이상국집》전집 권9, 고율시, 〈9월 13일에 서울을 떠나 전주로 갈 때 임진강 배 위에서 진공도, 한소韓韶(?~?)와 작별하다[九月十三日發長安將赴全州 臨津江船上與晉公度韓韶相別]〉

17세기에 만들어진 《씨족원류氏族源流》라는 책에 따르면 진공도는 문하시랑門下侍郎 동중서문하평장사同中書門下平章事를 지낸 최홍윤崔洪胤(1153~1229)의 둘째 사위였다고 한다. 문벌 집안에 장가를 들었지만 정작 본인은 광주 서기廣州書記를 거쳐 7품 현령에 그쳤다. 참고로 진공도와 함께 등장하는 한소는 이규보 누나의 사위, 곧 조카사위였다.

이런 사실들로 미루어보면 이규보는 이른바 '금수저'는 아니었다. 그렇다고 '흙수저'라 말하기도 어렵다. '동수저' 정도였다고나 해야 할까? 그리 부유하지 않아 어릴 적 고생을 하긴 했지만 그래도 벼슬과 거리가 멀지 않은 집안이었으니 말이다.

당장 저걸
허물지 못할까

이규보가 요즘 태어났다면 온수 매트나 에어컨을 쓰지 않고 더우면 더운 대로, 추우면 추운 대로 지냈을까? 뜬금없이 그런 생각이 든다. 저 유명한 〈토실을 허문 이야기[壞土室說]〉가 《동국이상국집》 전집 권 21에 있지 않던가.

> 10월 초하루에 이자李子(이규보)가 밖에서 돌아오니, 아이들이 흙을 파서 집을 만들었는데, 그 모양이 무덤과 같았다. 이자는 뭔지 모르는 체하며 말하기를,
> "무엇 때문에 집안에다 무덤을 만들었느냐?" 라고 하니,
> 아이들이 말하기를,

"이것은 무덤이 아니라 토실土室입니다" 하기에,

"어째서 이런 것을 만들었느냐?"라고 하였더니,

"겨울에 화초나 과일을 저장하기에 좋고, 또 길쌈하는 부인들에게
편리하니, 아무리 추울 때라도 온화한 봄날씨와 같아서 손이 얼어
터지지 않으므로 참 좋습니다"라고 하였다.

글에서 엿볼 수 있는 것처럼, 고려시대 관료 계층 사람들은 집에
일종의 온실 또는 광을 만들어 사용한 듯하다. 땅을 우묵하게 파고 그
위에 둥근 지붕을 얹은 모습이라 무덤 같다고 했던 모양이다. 베틀을
설치하고 여인이 들어가 길쌈을 할 수 있었다니 크기도 제법 컸나보
다. 이름은 '토실'이지만 나무도 꽤 사용해서 지었던 것 같다. 땅을 파
고 들어앉으면 일단 바람은 막아주고 약간의 지열도 얻었을 테지만,
'온화한 봄 날씨'가 그냥 생기진 않았을 테니 어쩌면 화덕 같은 간단
한 난방시설도 있지 않았을까?

음력 10월 초라면 아침저녁으로 쌀쌀해질 무렵이니 시기도 적절
하다. 아마 이규보의 하인들은 칭찬을 들을 줄 알았으리라. 여기까지
만 했다면 훈훈한 이야기로 그쳤겠지만, 이규보 아저씨는 화를 내고
말았다. 그 이유인즉슨……

여름이 덥고 겨울이 추운 것은 사계절의 정상적인 이치이니, 만일
이와 반대가 된다면 곧 괴이한 것이다. 옛적 성인께서 겨울에는 털
옷을 입고 여름에는 베옷을 입도록 마련하였으니, 그만한 준비가
있으면 족할 것인데, 다시 토실을 만들어서 추위를 더위로 바꿔놓
는다면 이는 하늘의 명령을 거역하는 것이다. 또 사람은 뱀이나 두

[그림 34] 《동궐도東闕圖》(부분)

1830년대 창덕궁과 창경궁을 그린, 16첩에 달하는 화첩 그림. 가운데에 지금
은 없어진 창순루蒼筍樓라는 건물이 보인다. 반 타원형체의 둥근 지붕, 창살
이 없는 문과 쪽마루가 있는 이 창순루는 실내 온도를 데워주는 벽장이라는
가온加溫 시설을 갖춘 독특한 목조건물이다. 이규보가 빨리 헐어버리라 했던
토실의 보다 발전된 형태로 여겨진다.

＊소장처: 고려대학교박물관

꺼비가 아니거늘, 겨울에 굴속에 엎드려 있는 것은 너무 상서롭지 못한 일이다. 길쌈이란 할 시기가 있는 것인데, 하필 겨울에 할 것이냐? 그리고 봄에 꽃이 피었다가 겨울에 시드는 것은 초목의 정상적인 성질인데, 만일 이와 반대가 된다면 이것은 괴이한 물건이다. 괴이한 물건을 길러서 때아닌 구경거리를 삼는다는 것은 하늘의 권한을 빼앗는 것이니, 이것은 모두 내가 하고 싶은 뜻이 아니다.

이규보는 이 네 가지 이유를 들며 "빨리 헐어버리지 않는다면 너희를 용서 없이 때리겠다"고 하인들을 닦달했다. 그리고 토실을 허물고서야 마음의 평화를 얻었다. 사실 이규보가 늘어놓는 이유라는 것이 과학 정신으로 무장된 현대인이 보기엔 참으로 어처구니없고 '꼰대'스러워 보인다. 그러게 왜 멀쩡한 토실을 허물라고 했을까. 하지만 이규보가 13세기 고려 사람이라는 걸 잊어서도 안 될 것이다. 그의 가치관과 세계관이 그러했던 걸.

뛰어난 기술보다 중요한 건 그걸 받아들여 쓰는 사람들의 마음가짐이라는 사실을 새삼 깨닫게 된다. 역사를 보면 그런 사례가 부지기수이다. 예컨대 19세기 말, 중체서용이니 동도서기니 하며 유럽과 미국의 기술만을 수용하고자 했던 동아시아 지식인 사회의 움직임이 결국 슬픈 결말을 맞이하지 않았던가.

내 그대를 위해서라면

그러나 이규보 역시 하인들과 마찬가지로 '사계절의 정상적인 이치'
를 거스르려 한 적이 있었다. 추위에 오들오들 떠는 가족을 위해 행하
려 했던 일을 담은 시 한 수를 보자.

내 공자나 묵자墨子 같은 어진 이가 아니거니

어찌 굴뚝이 검지 않고 자리가 따스하지 않으리

마누라, 아가, 춥다고 울지 말거라

내 약목若木을 베어와 태워 숯을 만들어

우리 집과 온 천하를 두루 따습게 해서

추운 섣달에도 늘 땀을 흘리게 하리다

－《동국이상국집》전집 권2, 고율시, 〈호된 추위에 읊다[苦寒吟]〉

사랑의 힘은 자기 신념도 꺾을 만큼 위대하다. 물론 해가 뜨는 곳인 부상扶桑의 반대편 함지咸池에 있다는 상상의 나무 약목을 실제로 베어올 수 있느냐는 다른 문제겠지만.

[그림 35] 〈초부樵夫〉

조선 말기부터 일제강점기까지 활동했던 서화가 백련白蓮 지운영池雲英(1852~1935)의 그림. 나무하다 잠시 쉬며 담배 한 대 태우는 초부, 곧 나무꾼의 모습을 그렸다. 이규보가 살았던 시절엔 우리나라에 담배가 없었다. 하지만 이규보도 약목을 베다가 힘들면 이처럼 어느 바위에 걸터앉아 긴 한숨을 토했으리라.

＊출처: 한국데이터산업진흥원 공유마당

뭐든지 팔 때는 싸고
살 때는 비싼 법

백운거사라는 호만 보면 흰 구름만 먹고 살았을 것 같은 이규보지만, 그도 오장육부 다 갖춘 사람일진대 밥을 먹지 않고 살 수 있었겠는가. 서른아홉 살 되던 1206년(희종 2) 3월 11일 아침, 근근이 지내던 그의 집에 마침내 양식이 떨어지고 말았다. 수염이 석 자라도 먹어야 양반인지라, 이규보의 아내 진씨는 그의 털옷을 저당 잡혀서 밥 지을 곡식을 구해오자고 했다. 음력 3월이면 벌써 만화방창萬化方暢 봄날인데 겨울옷을 제값 쳐줄 리가 없다. 게다가 몇 달만 지나면 찬바람 부는 겨울인데, 그날이 오면 자신은 어떻게 지내란 말인가. 이규보는 그리 말하며 반대했다.

하지만 거의 대부분 아내는 남편보다 한 수 위인 법, 그에게 당장

가족의 굶주림을 어떻게 해결할 거냐고 되물었다. "이 옷, 내가 직접 바느질한 거니 당신보다 내가 더 아껴요. 하지만 하루에 두 끼라도 먹지 못하면 다 굶주려 죽을 텐데, 올겨울을 어떻게 기다립니까?"

결국 이규보의 털옷은 이규보를 떠나고 말았다. 기왕 이렇게 된 거

[그림 36] 〈노상풍정路上風情〉

조선 후기 시정의 다양한 일상을 그렸던 화가 성협의 풍속화. 겨울 길거리에서 한껏 멋을 낸 양반이 기생들과 수작을 벌이고 있는 모습이다. 양반 남성은 방한모인 남바위를 쓰고 제법 두툼한 옷을 입고 있다. 이규보가 가족의 굶주림을 해결하기 위해 팔아버린 털옷이 어쩌면 이 양반의 옷 같은 것은 아니었을까.

*소장처: 국립중앙박물관

며칠은 배불리 먹을 수 있을 양식은 구할 수 있으려나 싶었는데, 애슬픈 예상은 비껴가지를 않는 건지. 그에게 돌아온 건 좁쌀 한 말 값! 너무나도 헐값이었다. 이걸 받자고 그 옷을 저당 잡히다니, 하지만 이것마저 없으면 마누라와 자식들은 꼼짝없이 굶주려야 하고……. 공부와 시와 술 실력은 그럴듯했지만 생활능력은 마땅치 않았던 이규보 선생은 그저 한숨만 내쉴 수밖에 없었다.

이 이야기를 이규보는 시로 풀어 친구 최종번崔宗藩(?~1230)에게 보여주었다(아마 좀 도와달라는 뜻이었겠지). 그 시의 마지막은 이러하다.

> 손가락 꼽으며 스스로 죄 헤아려
> 채찍을 들어서 종아리 석 대 때렸네
> 이미 지난 일 후회한들 어쩌리오
> 앞으로 올 일 당연히 쫓아가려네
> – 《동국이상국집》 전집 권12, 고율시, 〈옷을 저당 잡히고 느낌이
> 있어 최종번 군에게 보이다[典衣有感 示崔君宗藩]〉 중에서

한 가지 더, 이 시는 고려시대 개경에 물건을 담보 잡고 돈을 빌려주는 전당포가 있었다는 사실도 알려준다. 《고려사》를 보면 노비를 '전당典當'했다는 표현이 나온다. 심지어 자기 자식까지 저당 잡히고 돈을 빌렸다는 사례도 확인된다. 물론 잘생긴 전당포 주인이 스스로 머리를 깎았다거나, "이거 방탄유리야~!"라고 소리치는 건달이 있었다는 기록은 없다.

아니 넌 배울 게 없어서
술을 배우느냐

네가 어린 나이에 벌써 술을 마시니

앞으로 창자가 녹을까 두렵구나

네 아비의 늘 취하는 버릇 배우지 마라

한평생 남들이 미치광이라 한단다

한평생 몸 망친 것이 오로지 술인데

너조차 좋아할 건 또 무엇이냐

삼백이라 이름 지은 걸 이제야 뉘우치노니

아무래도 날로 삼백 잔씩 마실까 두렵구나

－《동국이상국집》 전집 권5, 고율시, 〈아들 삼백三百이 술을 마시

다[兒三百飮酒]〉

[그림 37] 〈기방풍경妓房風景〉(부분)

조선 후기 서울 기방에서 벌어지는 천태만상을 압축해 그린 풍속화. 지나는 사람에게
행패 부리는 중늙은이, 기방 마당에 서서 또는 마루에 올라가 기생에게 수작을 거는 젊
은이들……. 이규보도 행여나 아들이 술에 취해 일찍부터 이런 '미치광이' 같은 모습을
보이지나 않을까 염려한 것이리라.

*소장처: 국립중앙박물관

음, 이 시를 읽고 드는 생각은 크게 두 가지다.

첫째, 부전자전父傳子傳이로다.

둘째, 아버지의 마음은 그때나 지금이나 똑같은 듯.

삼백은 이규보가 28세 때 낳은 아들 관灌이다. 이규보가 선배 오세문吳世文(1127~1220)에게 300운짜리 시를 지어 화답한 날 태어났기 때문에 붙인 아명인데, 말이 씨가 된다고 장차 술을 300잔 마시는 술꾼이 될까 걱정스러웠나보다. 그 자신 술꾼이었음에도 아들이 술꾼이 되는 것은 차마 보기 어려웠을까. 이규보도 역시 아버지였다.

하여간 어려서부터 술에 일찍 눈을 떠서였는지 삼백이, 이관李灌은 아버지 이규보보다 일찍 죽었다.

아아, 아들아!

'자식농사 반타작농사'라는 속담처럼, 옛날에는 영유아 사망률이 지금보다 훨씬 높았다. 이규보 집안도 예외는 아니었다. 이규보는 모두 5남 3녀를 슬하에 두었었는데, 그중 딸 하나와 아들 둘을 먼저 앞세웠다. 나이 스물여섯 되던 해 얻은 맏딸이 죽자, 이규보는 "조물주가 이미 낳았거늘/ 조물주가 다시 뺏어가다니/ 꽃 피고 마르는 일 본디 덧없다지만/ 변하고 화하는 일 되레 속임수 같네"*라고 절규했다. 그리고 한참의 시간이 지났다.

고려시대 어지간한 집에서는 아들이 여럿 있는 경우 한두 명은 꼭 스님이 되었으며, 스님이 되었다가 필요에 따라 환속하는 일도 드물

---

* 《동국이상국집》 전집 권5, 고율시, 〈딸아이를 슬퍼하다(悼小女)〉.

지 않았다. 불교를 독실하게 믿어서이기도 했겠지만, 살면서 한 번쯤 겪는 통과의례 또는 사찰과의 연을 만들고자 하는 의도도 담겨 있었다.

이규보가 마흔세 살에 얻은 늦둥이 아들 한 명도 어려서 머리를 깎고 스님이 되었다. 하지만 얼마 되지 않아 아들은 훌쩍 삶을 버리고 떠나버렸다. 아버지 이규보의 마음이 과연 어떠했을까. 짐작하기도 어렵다. 그는 먼저 간 아들을 위해 글을 지어 무덤에 넣어주었다. 담담하지만, 그렇기에 더욱 뼈를 때리는 어조이다. 압권은 마지막이다.

"네 죽음은 오히려 낫구나[汝死猶可]."

사미沙彌 법원法源은 내 아들이다. 내 성姓을 버리고 석씨釋氏(부처님)를 따른 것이다. 11세에 선사禪師 규공規公을 찾아가 머리 깎고 중이 되었는데, 스승 섬기기를 매우 근실히 하였고, 천성이 영민하여 심부름을 시키면 시키는 뜻에 맞게 하므로 일일이 지시할 필요가 없었다. 그러므로 스승이 가장 사랑하였다. 절에서 갑자기 병을 얻어 내 집에 와서 하룻밤 누워 있다가 다음 날 죽으매 3일 후에 산에 묻었다. 아! 어찌 이렇게도 빠른가. 경진년(1220) 11월에 중이 되었다가 임오년(1222) 2월에 죽으니, 중이 된 지는 무릇 16개월이다. 내가 드디어 명銘을 지어 석 자 나무판에 새겨서 무덤 속에 넣으니, 슬픈 뜻을 적는 것뿐이다. 그 시신이나 명은 빨리 썩는 것만 같지 못하거늘, 어찌 꼭 돌에 새겨서 오래도록 전하게 하겠는가. 다음과 같이 명하여 이르기를,

[그림 38] 〈노승이 지팡이를 짚다[老僧携杖]〉

관아재 조영석이 그린 노승과 사미의 모습이다. "심부름을 시키면 시키는 뜻에 맞게 하므로
일일이 지시할 필요가 없었"던, 그래서 "스승이 가장 사랑했"던 법원의 모습이 떠오른다.
ⓒ간송미술문화재단

중 옷은 하루만 입어 보아노 족한데
하물며 두 겨울, 한 여름을 입었음에랴.
네 죽음은 오히려 낫구나.

– 《동국이상국집》 전집 권35, 비명碑銘·묘지墓誌, 〈일찍 죽은 아들
법원의 광중壙中에 넣어준 묘지명[殤子法源壙銘]〉

이 법원 사미*는 이규보의 묘지명에서도 빠졌다. 아버지 이규보가
지은 이 글이 아니었던들 영영 역사 속에 묻혀버렸을 터, 글을 볼 때
마다 가슴이 미어진다.

* 갓 불가에 입문한 어린 승려

둥근 달이 떴습니다

옛날에는 음력 5월 5일 단옷날이 되면 궁중이나 관청에서 부채를 많이 확보해 관료들에게 나누어주곤 했다. 가만히 있어도 더운 여름날을 부채 바람으로 견디며 무난히 날 수 있기를 바라는 마음의 표현이었다.

아직 관직에 오르기 전, 젊은 이규보에게 친구가 둥근 부채를 보내왔다. 하얀 종이를 바른 부채를 살짝 부쳐보니 서늘한 가을바람이 분다. 밤도 아닌데 달이 이규보의 손에 떴다. 여름이 다가오는데 이 얼마나 고마운 선물인가. 단숨에 떠오른 시상詩想은 이 부채를 영원히 역사에 남겼다.

사귄 정 담담하기 물과 같은데

[그림 39] 〈전다한화도煎茶閒話圖〉

김홍도의 《산수일품첩山水逸品帖》에 수록된 그림. 벗과 이야기를 나누는 선비의 손에 둥근 부채가 들려 있다. 여름이 다가오는 어느 날, 친구에게 둥근 부채를 선물로 받은 이규보의 모습도 저러했을까.

＊소장처: 국립중앙박물관(유리건판)

둥근 부채 서리처럼 깨끗하구나
밤이 아니어도 달은 언제나 둥글고
가을이 오기 전에도 바람이 절로 나네
그대의 마음 참으로 얼음과 같아
만나면 울적한 마음 모두 가시는데
다시 마음 속 가을까지 보내어
두 손에 달을 남겨 주었네
－《동국이상국집》전집 권5, 고율시, 〈부채를 선사 받음을 사례하며[謝人惠扇]〉

훗날 이규보는 관직 생활을 하며 단옷날 중서문하성에서 학의 깃털로 만든 부채를 몇 자루 받았는데, 이를 남들에게 나누어주며 이렇게 읊은 적이 있다. "청량한 맛을 어찌 차마 혼자만 차지하랴"*고.

---

*《동국이상국집》후집 권9, 고율시, 〈본성本省에서 보낸 학령선鶴翎扇을 사람들에게 나누어주면서[得本省所送鶴翎扇分人]〉.

괜찮아 친구야

"시험을 망쳤어/ 오! 집에 가기 싫었어/ 열 받아서 오락실에 들어
갔어……"
– 한스밴드, 〈오락실〉 중에서

한때 선풍적인 인기를 끌었던 이 노래도 이젠 역사 속에 묻혀버렸
다. 1998년에 나왔으니 그럴 만도 하다. 하지만 낙방거자落榜擧子, 곧
시험에서 미끄러진 이의 마음을 이만큼 잘 머금은 노랫말이 앞으로
또 나올지는 모르겠다.

신라 원성왕元聖王 때 독서삼품과讀書三品科가 시행된 이래, 늦추어
보아도 고려 광종光宗 때 과거를 시행한 이래 이 땅엔 수많은 낙방생
과 n수생들이 있었다. 이규보 선생도 물론 시험에 여러 차례 미끄러졌

[그림 40] 〈풍속도 10곡병風俗圖十曲屏〉(부분)
조선시대 과거시험장의 모습이 담긴 그림. 과거
에 낙방한 벗에게 내년엔 급제할 것이라 위로하
는 이규보 역시 이런 북적북적한 과거시험장을
겪어보았으리라.
＊소장처: 국립중앙박물관

나. 그가 과거에 급제하기 전이었는지 뒤였는지는 모르겠으나, 고씨 성을 가진 그의 벗이 미역국을 먹고 말았다.

이에 이규보 선생은 (아마도 술을 사주면서) 그를 위로하는 시를 한 수 지어주었다.

시험장에서의 득실은 바둑과 같을지니
한 번 실패한들 어찌 크게 이길 날 없으리
항아가 계수나무 다 나눠주었다 걱정 마오
자네에게 줄 가지 내년에 어찌 빠지리
―《동국이상국집》후집 권1, 고율시,〈낙방한 고생高生을 위로하다
[慰高生下第]〉

바둑은 이길 때도 있고 질 때도 있는 법이다. 올해 졌어도 내년에도 지란 법은 없는 것이다. 요즘 소식이 뜸하지만, 저 인공지능 바둑 프로그램 '알파고'도 이세돌 9단과의 다섯 판 대국에서 한 판 지지 않았던가.

눈에 띄는 것은 뜬금없이 등장하는 계수나무다. 과거와 계수나무가 무슨 관계가 있어 그리 적었을까. 옛날에는 과거에 급제하는 일을 달 속의 계수나무 가지를 꺾는 데 비유해 절계折桂라 불렀다. 그래서 과거에 급제한 사람의 명부인 방목榜目을 계적桂籍이라고도 했다. 그러니 이규보의 시 3, 4구를 풀어보면 "올해는 달에 사는 항아가 널 건너뛰었지만, 내년엔 계지桂枝를 꺾어서 너에게 줄 거야! 그러니까 포기하지 마" 정도가 될 것이다.

이 시를 받은 고 선생이 과연 이듬해 급제했는지는 알 길이 없다. 백운거사의 기를 받아 분명히 급제했으리라 믿어본다.

술은 겨울 모자

나야 세상에 나온 지 이제 30년 조금 넘은 정도라 술 주酒자 주력酒歷은 당연히 백운거사보다 짧다. 그 짧은 시간 동안 느낀 점 중 하나는 술은 좀 추워지는 겨울에 마시는 편이 좋더라는 거다. 눈 내리는 겨울밤 운치도 운치려니와, 술이 들어가면 몸에 열이 오르는데 특히나 여름날 진탕 마시면 얼굴에 땀이 흥건해져서 견디기가 힘들어진다. 그러니 오래 술자리를 이어가기엔 겨울이 제격이다. 나만 그런 줄 알았는데, 고려시대에도 술이 들어가면 후끈해져서 따습게 겨울밤을 보내는 분이 적지 않았던 모양이다.

어느 겨울날, 백운거사께서 술상을 봐 놓고 모처럼 찾아온 지인에게 술을 따라주었다. 그런데 그 지인이 다름 아닌 스님! "거 …… 안 되는데 ……." 쭈뼛거리며 술잔을 받는 스님을 보며 이규보 선생은 이

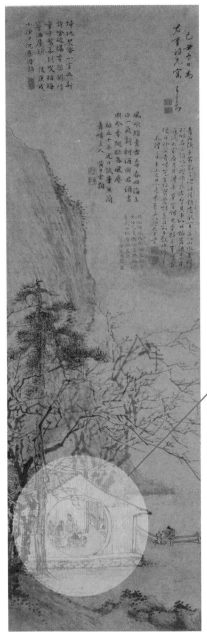

[그림 41] 〈매옥멱구도梅屋覓句圖〉

중국 청대清代 화가 구악丘岳(?~?)의 그림. 매화향이 그윽한 서옥書屋에서 벗과 함께 차를 마시며 시에 관해 담소를 나누는 장면이다. 이규보가 어느 겨울날 찾아온 스님과 술잔을 주거니 받거니 하는 모습이 이와 닮지 않았을까. 그림 속 벗들이 마시는 것은 술이 아닌 차지만 말이다.

＊소장처: 국립중앙박물관

렇게 농담 삼아 이야기한다.*

> 술은 능히 추위를 막아주나니
> 속담에 '겨울 모자'라 이른다네
> 그대같이 머리가 반들댄다면
> 추위를 막지 않을 수 없을진대
> ─《동국이상국집》 전집 권16, 고율시, 〈겨울에 스님과 술을 마
> 시고 희롱삼아 지어줌[冬日 與僧飮戲贈]〉

　러시아 사람의 상징과도 같은 게 털 수북한 모자 샤쁘까Шапка 아니던가. 러시아인들에게 털모자는 멋이 아니라 생존을 위한 도구이다. 모자를 쓰면 머리를 통해 빠져나가는 열을 막아 체온을 높여주기 때문이다. 머리도 털이니까 머리카락 있는 사람이라면 천연 털모자를 갖고 태어났다고 할 수 있겠다. 그러면 '머리가 반들대는' 반대의 경우라면 어떻겠는가? 여름엔 좀 낫겠지만 찬바람 부는 날엔 …… 흠.

　또 한 가지, 고려시대엔 "술이야말로 겨울 모자"라는 속담이 있었던 모양이다. 없이 살았을 서민들에게 털가죽 모자나 누에고치 솜 넣고 누빈 모자 같은 건 그림의 떡이었을 테고, 그렇다고 아무 준비도 없이 외출할 수는 없었을 것이다. 그러니 마시면 머리로 열기가 올라오는 술이라도 좀 먹고 겨울을 날 수밖에.

* 필자는 머리카락의 있고 없음으로 사람을 놀려서는 안 된다고 생각함을 분명히 밝힌다.

어쨌건 이규보 선생은 이 두 가지 이유를 들어 겨울 어느 날 집을 찾아온 스님에게 술을 권했다. 스님도 어쩔 수 없었는지 한 잔 들이켜고, 또 따라주니 한잔, 또 한잔……. 그 끝은 알 수 없지만, 분명 술병 하나로 끝나진 않았을 듯하다.

고려시대에
숙취 해소제가 있었다면

술꾼은 자고로 술병을 달고 사는 법, 술병瓶뿐만 아니라 술병病도 따라오게 마련이다. 대개 술병病 걸린 술꾼들은 자기 병은 못 고쳐도 남의 술병은 기가 막히게 알아보고 처방을 내려준다. 《동국이상국집》 전집 권2에 이런 시가 실려 있다. 제목은 〈벗이 술병으로 일어나지 못함을 희롱하다[戱友人病酒未起]〉.

내가 바로 노숙한 의원이라 병을 잘 진단하지
누구의 빌미냐 하면 틀림없이 누룩 귀신일세
새벽에 아황주鵝黃酒 닷 말을 단숨에 마시게나
이 약은 유백륜劉伯倫에게서 전해 온 비방이로세

[그림 42] 〈고일도高逸圖〉(부분)

중국 당나라 말기의 화가 손위孫位(?~?)의 그림. 오른쪽에서 세 번째가 죽림
칠현 중 한 명이자 천고의 술꾼 유령劉伶이다. 이규보는 술병으로 일어나지
못하는 벗에게 아황주 닷 말을 권하며 그것이 유령의 비법이라 말한다. 술
병을 술로 낫게 한다는, 그야말로 술꾼의 술병 치료법이다.

＊소장처: 중국 상하이박물관

아황주가 뭔가 싶었더니 갓 알을 깬 거위처럼 노르스름한 때깔의 술이라서 '아황주'란다. 한동안 사라졌다가 요즘 복원해서 파는 곳이 있다는데, 한번 마셔보고 싶기는 하다. 유백륜은 바로 죽림칠현 중 한 명인 유령劉伶(220~300?)으로, 중국 역사에서도 손에 꼽히는 술꾼이다. 그의 비법이라니 술병 낫는 데는 그만이겠다. 하지만 아무리 그래도 그렇지, 숙취에 시달리는 사람에게 술 닷 말을 들이붓다니. 요즘 같으면 헛개수나 '견디셔'를 권해주고 싶건마는.

이규보가 남에게만 이런 처방을 내려준 줄 알았더니 스스로도 실천을 했던 것 같다. 앞에서도 잠깐 언급했지만 그의 시를 보면 해장술 이야기가 나온다. 이를 '광약狂藥'이라 불렀는데, '미치게 하는 약'인지 '미친 걸 고치는 약'인지는 여러분의 판단에 맡긴다.

오늘 아침에 광약을 마셨더니
머리가 쟁쟁 울림을 깨달았네
아직 단칼에 끊지 못하는 것은
쓸쓸한 마음 달래기 위함일세
－《동국이상국집》 후집 권10, 고율시, 〈해장술―쌍운卯飮 雙韵]〉

참고로 고려 후기 의서《향약구급방》을 보면 〈중주욕사방中酒欲死方〉이라고 해서, 술 마시고 죽을 것 같을 때 쓰는 처방이 실려 있다. 이규보 선생 사모님께서도 때로 이런 처방을 남편에게 행하지 않았을까 싶어 소개한다.

술을 너무 지나치게 마셔서 오장이 문드러질까 걱정될 때는, 따뜻하게 끓인 물을 큰 물통에 채운 후 술 취한 사람을 담근다. 물이 차가워지면 다시 (따뜻한 물로) 갈아주며, 여름에도 따뜻하게 끓인 물을 쓴다.

무릇 취해서 푹 자지 못한다면 사람을 시켜 흔들어주되 특히 바람을 맞히는 일을 꺼려야 한다. 무릇 취했을 때 찬물을 들이부으면 깨어난다. 하지만 바람을 쏘여서 서늘하게 한다면 비록 그때는 약간 상쾌할지언정 병에 걸릴 가능성이 많아진다. 조금 취했을 때는 아래 방법도 무방하나 크게 취했을 때는 반드시 위의 방법을 써야 한다.

－《향약구급방》 권상卷上, 〈중주욕사방〉 중에서

세상은 넓고
고수는 많다

앞서도 여러 번 봤지만, 이규보 선생의 형편은 그리 넉넉지 못했다. 과거에 급제하고 벼슬길에 올랐어도 빠듯한 살림살이를 한탄하는 문구는 《동국이상국집》 곳곳에서 어렵지 않게 찾을 수 있다.

하지만 세상에 고수는 많다. 오죽하면 주변머리 없는 이규보에게까지 그날의 일용할 양식을 구걸해 받아내는 사람이 있었다. 두 사례를 소개하는데, 모두 이규보와 잘 아는 사이였던 것으로 보인다.

넌 비록 사족士族으로 태어났으나

밥을 비니 이미 비천하게 되었다

다시 또 무엇이 더 부끄럽다고

다 떨어진 멱리冪羅 뒤집어썼더냐

– 《동국이상국집》 후집 권8, 고율시, 〈어떤 사인士人의 딸이 밥을
빌러 왔기에 밥을 주고 나서 시를 짓다[士人女乞食 既以與之 因作詩]〉

　신분이 높다고 모두 부자인 건 아니다. '사족', '사인'이라고 한 걸
보면 관료 계층임에는 분명한데 무슨 이유에서인지 집이 가난해졌다.
아는 사람들을 찾아다니며 양식을 꾸지만 아무래도 그날 벌이가 시원
치 않았던지 이규보 집에도 밥 달라 찾아왔다. 하지만 이 아가씨의 마
지막 자존심이랄까, 멱리 곧 얼굴 가리개를 덮어쓰고 문 앞에 섰다.

　《선화봉사고려도경》을 보면 고려의 귀부인들은 외출할 때 몽수蒙
首라는 것을 썼다. 이는 8척짜리 검은 비단 3폭을 이어 만든 것으로,
정수리에서 아래로 늘어뜨려 얼굴만 살짝 드러나게 했다.* 정황상 '멱
리'란 그것을 가리키는 말이 아닐까 한다. 비단으로 만든 그것이 '다
떨어질' 정도였다니 이 아가씨
의 마음은 얼마나 찢어졌을까.

　이규보는 그 측은한 모습을
보고 밥을 내어주었다. 그리고
그 정경을 시로 남겼다. 오늘날
우리에게는 당시 생활상을 엿볼
수 있는 사료적 가치를 지닌 시
이지만, 그때로 돌아가 이 '사인
의 딸' 처지에서 보면 이 시가 어

---

* 《선화봉사고려도경》 권20, 부인조婦人條 귀부인[貴婦].

떻게 느껴질지 원.

또 다른 이를 살펴보자. '동년'이라고 하니 이규보와 같은 해 과거에 붙었던 모양인데, 관직을 얻지 못한 백수 신세였던가 보다.

> 아무개는 아룁니다. 며칠 전 서액西掖에서 숙직하고 그 이튿날 정오를 지나서 막 물러나려다가 전날 밤에 부쳐온 편지를 보았습니다. 적힌 내용은 다 알았습니다만 미처 다 보기도 전에 마음은 이미 측연惻然하였습니다.
>
> 나도 역시 근래에 국고가 비어 제 때에 녹봉을 받지 못하므로 자주 곤궁한 경우를 만납니다. 이것은 그대가 아니면 자세히 모를 것입니다. 상상컨대 그대 집의 오리 소리*가 내 집보다 크므로 이렇게 부탁해 온 듯합니다.
>
> 이는 바로 매요신梅堯臣(1002~1060)이 말한바 '큰 가난이 작은 가난에게 구걸하게 되니 어찌 서로 웃을 일이 아니겠는가'라는 것이니, 그대가 나에게 구걸하는 것은 마땅한 일입니다. 그러나 나는 있고 없는 것을 자세히 알 수 없으므로 누가 덜 가난하고 더 가난한가를 따지지 않겠습니다.
>
> 간직한 쌀 약간을 보내니, 적게 보냈다고 나무라지 말기를 바라오. 남은 말은 보류해두었다가 서로 만났을 때 하기로 하겠습니다.
>
> ─《동국이상국집》후집 권12, 서書, 〈과거 동기인 노생盧生에게 손수 적어 보내는 간찰[與同年盧生手簡]〉

* 아이들 울음소리를 비유.

[그림 43] 매요신梅堯臣

과거 동기인 노생盧生이 궁중에서 숙직을 서고 있던 이규보에게 구걸하는 편지를 보내자 그는 쌀을 꿔주면서 중국 북송의 시인 매요신의 시구를 인용한다. '큰 가난이 작은 가난에게 구걸하게 되니 어찌 서로 웃을 일이 아니겠는가'라고. 얼마 전까지 같은 처지였기 때문일까. 가난하지만 마음만은 넉넉했던 이규보의 면모가 엿보인다.

얼마나 급했으면 상대가 궁중에서 숙직을 서고 있는데 집도 아니고 그쪽으로 편지를 다 보냈겠는가. 당직근무 서고서 피곤한 몸을 이끌고 궁 밖을 나서려다 그 편지를 본 백운거사는 과연 어떤 생각을 했을는지. 얼마 전까지 같은 처지였던 자신의 모습이 겹쳐 보였을까, 아니면 내가 저 친구보다는 낫다는 자기 위안이 먼저였을까.

어쨌건 넓은 마음의 소유자 이규보는 친구에게 쌀을 꿔주고 직접 편지를 써서 함께 보냈다. 안 그래도 부족한데 쌀을 꿔줬다고 그날 사모님께 한 소리 듣진 않으셨을지 모르겠다.

목줄에 묶인 원숭이나
내 신세나

기홍수奇洪壽(1148~1209)라는 분이 있었다. 최씨 무신정권에 적극 참여하여 지금으로 치면 국무총리까지 오른 권세가였지만, 낭만적 기질도 제법 강한 인물이었다. 글씨를 잘 써서 궁중에 들이는 병풍에 《서경》의 〈무일편無逸篇〉을 쓰기도 했고, 자기 재산을 기울여 퇴식재退食齋라는 거대한 원림園林을 만들어내기도 했다. 이규보는 그 퇴식재의 단골손님이었다. 조정에서 물러나 때때로 술을 마시련다는 뜻의 '퇴식재'라는 이름도 이규보가 지었다고 하고, 〈퇴식재팔영退食齋八詠〉*이라는 이름 아래 그곳의 정경을 연작시로 엮어내기도 했으니 둘 사

* 《동국이상국집》 전집 권2, 고율시.

[그림 44] 〈늙은 원숭이[老猿圖]〉

18세기 말에 편집된 것으로 여겨지는 화첩 《화원별집畵苑別集》에 수록된 조선 후기 화가 김익주金翊胄(?~?)의 그림. 권세가 기홍수의 원림 퇴식재에서 목줄에 묶여 울부짖던 원숭이가 바라던 모습이 이와 같지 않았을까.

*소장처: 국립중앙박물관

이의 친분을 알 법하다.

　기홍수의 퇴식재에는 별 게 다 있었다고 한다. 기화요초는 물론이요, 온갖 짐승들을 모아 일종의 동물원을 꾸미기도 했다. 어느 날, 부지런히 벼슬을 구하던 젊은 시절의 이규보가 퇴식재에 들렀다. 그때 마침 기 대감은 애완 원숭이를 데려다 보고 있었는데, 무슨 이유에선지 원숭이가 잔뜩 화가 나서 꽥꽥 소리를 질러댔던 모양이다.

　"이보게 춘경, 한번 저놈을 두고 시를 지어 보겠나?"

　목줄에 묶인 채 울부짖는 원숭이를 보고 알량한 벼슬을 위해 발품 팔아야 하는 자신의 신세가 떠올랐는지, 이규보의 붓끝은 빠르게 움직였다. 그리고 금세 시 한 수가 탄생했다.

원숭이가 무슨 성낼 일이 있다고

사람처럼 서서 날 향해 울부짖는다

아마도 너는 파협巴峽의 달빛 생각하여

높직한 문벌에 얽매임 싫어함이리라

나도 푸른 산에 은거함을 생각하건만

부질없이 홍진紅塵의 시달림을 받노라

나와 너는 같은 병을 앓는데

어찌하여 넌 사납게 부르짖느냐

－《동국이상국집》전집 권9, 고율시, 〈기슭 상서 댁에서 성난 원숭이를 보고 짓다[寄尚書宅賦怒猿]〉

다 주는 법은 없다는데
이 분께는 다 주셨네

이규보 선생은 돌아가신 분을 기리기 위한 글, 묘지명도 여러 편 지으셨다. 그중 한 편을 읽어보자. 무신 집권기를 살다 간 문신 금의의 묘지명이다.

> 대개 하늘이 베풀어주는 데에는, 뿔을 준 자에게는 날개를 주지 않는다. 그러므로 선비로 장원으로 급제하고도[龍頭選] 능히 높은 지위에까지 오르는 경우는 드물다. 공은 그렇지 않았으니, 이미 과거에서 1등으로 등과하고, 또 재상[黃扉]의 귀한 자리를 끝까지 밟았으며 거기에 더해 장수하여 슬프고 영화로운 일생의 처음부터 끝까지 모두 모자람이 없었으니, 이 어찌 이유 없이 그러하였겠는

가? 무릇 반드시 하늘이 후하게 하지 않을 수 없는 이가 있어서 비록 많이 취하게 하였을지라도 하늘이 베풀기를 싫어하지 않은 것이리라.

－《동국이상국집》 전집 권36, 묘지墓誌·뇌서誄書, 〈벽상삼한대광 금자광록대부 수태보 문하시랑 동중서문하평장사 수문전태학사 판이부사로 치사致仕한 금공琴公의 묘지명[壁上三韓大匡金紫光祿大夫守大保門下侍郞同中書門下平章事修文殿大學士判吏部事致仕琴公墓誌銘]〉 중에서

1184년(명종 14) 과거에 응시하여 장원급제한 이래 요직을 두루 거친 금의는 여러 번 지공거가 되어 '금학사琴學士의 옥순문생玉笋門生'이라는 얘기를 들을 만큼 많은 인재를 뽑았다. 금의는 이규보와도 가까운 사이였다. 고종 초기에 예부원외랑 벼슬을 지낸 윤세유尹世儒(?~1215)가 최충헌에게 권해서 이규보·진화陳澕(?~?)·승려 혜문惠文(?~?)에게 시 짓는 재주를 겨루게 했다. 채점 결과 이규보가 으뜸이었고 진화가 버금이었는데, 그때 채점을 맡은 사람이 한림승지翰林承旨 금의였다. 안목이 있었던 것이다.

조선시대의 경우 다른 과거 급제자들은 7~9품 관직을 받곤 하지만, 장원급제자는 출륙出六이라고 해서 6품부터 시작한다. 그럼에도 조선시대 과거제도 연구에 따르면 장원급제자가 높은 자리에 오른 경우가 오히려 드물다고 한다. 고려시대 사료를 봐도 장원급제 출신―이들은 "모년 모월, 아무개 외 몇 사람이 급제하였다" 같은 식으로 그 이름이 반드시 등장한다―가운데 재신宰臣이나 추밀樞密 같은 고관에까지 오른 이는 흔치 않다. 금의는 이 같은 경향을 거스르는 드문 사

례였기 때문에 이규보가 특별히 강조할 만도 하다.

그런데 흥미로운 부분은 앞 대목이다. "대개 하늘이 베풀어주는 데에는, 뿔을 준 자에게는 날개를 주지 않는다"라⋯⋯. 필자는 국립중앙박물관에 근무하면서 〈호모 사피엔스: 진화∞ 관계& 미래?〉라는 전시 준비에 참여했던 적이 있다. 아득한 옛날 작은 생명체로부터 오늘의 '인간'에 이르기까지, 한 종種이 차츰차츰 가지를 치며 모습이 다양하게 변화하고 새 환경에 적응하며 다른 생명체와 어울려 살다가 불현듯 사라져가는 수억 년의 과정을 약간이나마 공부하게 되었다. 그러고서 이 글을 보니, 예전 분들도 어렴풋하게나마 '진화'의 개념을 알고 있지 않았을까 하는 생각이 든다. 물론 오늘날 밝혀지고 있는 생명의 '진화' 과정과는 다소 다르지만 말이다. 예컨대 진화 과정에서 특정한 신체 부위가 크게 강조되는 경우가 있다. 이는 그 생명체가 어떤 환경의 변화에 맞춰 살아남기 위해, 또는 교미할 상대의 환심을 사기 위해 진화한 결과이다. 그리고 그런 데에 필요 없는 부분은 도태되곤 하는데, 이는 에너지를 낭비하지 않기 위한 책략이다. 그래서 동화에 나오는 것 같은 유니콘은 있을 수 없다고 한다. 말은 풀을 소화시켜서 양분을 뽑아내는 능력이 소보다 떨어진다. 그래서 말이 뿔을 유지하려면 소보다 큰 위장을 유지할 덩치가 필요하다. 지금의 '말'보다 훨씬 큰 덩치 말이다.

이야기가 잠깐 멋대로 흘러갔지만, 흥미롭게도 이런 인식은 이규보 이후의 유학자들에게서도 보인다. 숱 많은 허연 수염에 덩치 큰 모습의 초상화로 유명한 성리학자 우암尤庵 송시열宋時烈(1607~1689) 또한 이런 말을 한 적이 있었다.

[그림 45] 〈송시열 초상宋時烈肖像〉
성리학의 대가이자 송자宋子라고 칭
송받은 조선의 학자 송시열은 "한 번
번성하면 한 번 쇠퇴하고, 한 번 쇠
퇴하면 한 번 번성"한다면서 "조물주
는 완전히 공들이지 않는다"고 말했
다. 무신 집권기를 살다 간 문신 금
의의 묘지명에 "하늘이 베풀어주는
데에는, 뿔을 준 자에게는 날개를 주
지 않는다"고 말한 이규보의 어렴풋
한 '진화' 개념과 어딘가 닮아 있다.
＊소장처: 국립중앙박물관

동물에 있어서도 날개를 가진 것에는 네 다리[四足]가 없고 네 개의
다리를 가진 것에는 날개가 없고 이빨이 있는 것에는 뿔이 없고 뿔
이 있는 것에는 이가 없으니, 이것이 이른바 조물주는 완전히 공들
이지 않는다는 것이다. 대저 한 번 번성하면 한 번 쇠퇴하고, 한 번
쇠퇴하면 한 번 번성하니, 천하 만물 중에 무엇이 그렇지 않겠느냐.
－《송자대전宋子大全》부록 권15, 어록語錄 중에서

과학자 선생님들께서는 이 말을 어떻게 생각하실지 모르겠지만 말
이다.

뛰어난 후배를
끌어주다

술 좋아하고 사람 좋아하던 이규보에게 후배들이 모이지 않았을 리 없다. 이규보도 그들을 물리치지 않고 같이 술 마시고 시 지으며 노는 것이 일상이었으며, 될 수 있으면 그들의 재능을 꽃피워주려 했다. 대표적인 사례 두 가지를 보자.

최이는 조사朝士의 자질과 능력을 품평하면서 문장과 행정이 모두 우수한 자를 제일로 하였고, 문장은 있으나 행정에 능하지 못하면 그다음으로, 행정에 능하나 문장에 능하지 못하면 또한 그다음으로, 문장과 행정에 모두 능하지 못하면 최하로 여겼는데 모두 직접 병풍에 기록하였다. 매번 전주銓注(인사행정)할 때마다 곧바로 이를

고열考閱하였는데, 치자崔滋(1188~1260)의 이름이 가장 밑에 있었
기 때문에 10년 동안이나 등용되지 못하였다.
－《고려사》 권102, 열전 15, 최자 중에서

그 유명한 '능문능리能文能吏'의 출처가 바로 이 글이다. 무신 집권
자 최이가 병풍에 써넣고 인물을 품평하는 기준으로 삼았던 '문장'과
'행정'은 사실 최이뿐만 아니라 고려시대 전반에 걸친 인사의 기준이
었다. 그런데 이규보의 후배 최자가 하필 예비 관료 명단의 끄트머리
에 붙어 있었기 때문에 눈에 띄지 않아 제대로 벼슬을 얻지 못했던 것
이다. 이규보는 최자의 〈우미인초가虞美人草歌〉와 〈수정배시水精盃詩〉를
보고 진즉 최자를 눈여겨보던 터였다. 참, 이때는 아직 최자의 이름이

[그림 46] 〈아회도雅會圖〉
셋 이상이 모여 풍류를 즐기는 우아하고 고상한 문인 모임 아회雅會의 모습을 즉석에서
스케치해 담은 그림. 김상기金庠基(1901~1977), 이병도李丙燾(1896~1989) 등의 아호가 확
인된다. 이규보 역시 후배들과 이 같은 모임을 가지면서 글짓기 재주를 나누었으리라.
＊소장처: 국립중앙박물관

최자가 아니라 최안崔安이었다.

뒤에 최이가 이규보에게 일러 말하기를, "누가 공을 이어서 문장의 사무를 맡을 수 있겠소?"라고 하니, 말하기를, "학유學諭 최안이란 자가 있고 급제한 김구金坵(1211~1278)가 그 다음입니다"라고 하였다. 당시에 이수·이백순李百順(?~1237)·하천단河千旦(?~1259)·이함李諴(?~?)·임경숙任景肅(?~?)이 모두 글로 이름을 날리고 있었으므로, 최이가 그들의 재주를 시험하여 서書와 표表를 짓도록 하고 이규보를 시켜 성적을 매겨보니 무릇 열 번의 시험에 최자가 다섯 번 으뜸을, 다섯 번은 그 다음을 차지하였다. 최이가 또 이재吏才(행정능력)를 시험하려 급전도감녹사給田都監錄事를 제수하였는데, 역시 민첩하고 근면하였다.

최이는 이규보를 아꼈다. 그런 만큼 고려 문한文翰을 지탱하던 이규보의 뒤를 이을 인재가 누구인지에 관해서도 관심이 컸다. 이규보에게 물었더니 서슴없이 최자를 최우선으로 추천했다. 주목되는 것은 최이의 이후 태도이다. 백운거사가 추천한 인재이니 믿고 쓴 것이 아니라, 일정한 과정을 거쳐 능력을 알아본 것이다.

최이는 당대 내로라하는 인재들과 함께 글짓기 재주를 겨루게 하여 '능문'을 확인하고, 작은 벼슬을 먼저 내려 '능리' 여부를 시험했다. 그 연후에 최자를 제대로 발탁했다. 이를 보면 최이는 확실히 안목 있고 유능한 독재자였다. 물론 독재자는 독재자일 뿐이지만. 어쨌건 이후 최자는 승승장구하여 재상급 지위에까지 올랐고, 고려 문학비평의 걸출한 성과인 《보한집》을 세상에 남겼다.

이규보가 아낀 후배 하면 이 사람도 빼놓을 수 없다. 어느 정도로 아꼈느냐 하면 이규보 생전에 《동국이상국집》의 틀이 얼추 잡히자 서문을 그에게 청해 받았고, 또 죽고 나서 무덤에 넣어주는 묘지명을 지어주기를 바랄 정도였다. 후배의 이름은 이수, 앞에서 최자와 함께 글 재주를 겨루었던 바로 그 사람이다.

> 공은 평생에 저술한 글을 쌓아 두지 않았기에 아들인 감찰어사監察御史 함이 만분의 일쯤 주워 모았다. …… 함은 또 공에게 간청하기를,
> "문집이 이미 이루어졌으니 서문이 없을 수 없습니다"라고 하므로 공은 나에게 서문을 쓰라고 명하였다.
> 그러나 나는 본래 재주가 모자라고 또 공의 아들과 같은 또래로서 첫머리에 쓰는 서문을 감히 지을 수 없다고 사양했다. 하지만 공의 명이 더욱 은근하였기에 이 몇 마디의 말로 서문을 적는다.
> − 이수, 《동국이상국문집》의 서문[東國李相國文集序] 중에서

> 나는 글솜씨가 졸렬하다. 그러나 공이 평소 조용한 때면 매양 '내가 죽거든 자네가 묘지명을 짓게나'라고 하였다. 그 아들 함이 공의 뜻을 적어 편지로 보내와 명銘을 청하므로 부득이 다음과 같이 명을 짓는다.

> 강좌江左의 분양汾陽이요
> 해동海東의 공자孔子로다
> 온후하고 정직하며 공경하고 검소하니

살아서는 영예롭고 죽어서는 슬퍼한다

일흔 살 이전에는 세상에 나가 어진 이 되었으니

옥루기玉樓記 지은 것은 공에게 사소한 일이며

원기元氣를 조화하였으니 이것은 곧 공의 직위라

……

– 이수, 〈이규보 묘지명〉 중에서

이규보가 자신의 삶을 기록해달라고 부탁했을 정도라면 글솜씨가 어떠했는지 짐작할 만하다. 그래서인지 이수의 삶도 제법 화려했다. 간략하나마 그 행적을 기록한 열전이 《고려사》에 실려 있는 것만 보아도 그의 정치적 비중을 알 수 있다.

이수는 자가 낙운樂雲이고 처음 이름이 이종주李宗胄이나 본관을 알 수 없다. 과거에 급제한 후 최이의 총애를 받아 한시도 그 곁을 떠나지 않았다. 농담과 우스갯소리를 곧잘 했기 때문에 대간臺諫·제고制誥는 되지 못했으며 벼슬은 상서예부시랑尚書禮部侍郎에 이르렀다.

–《고려사》 권102, 열전15, 이순목李淳牧 부 이수 중에서

"농담과 우스갯소리를 곧잘 했다"면 더더욱 이규보와 죽이 잘 맞았겠고 최이가 총애한 것도 어느 정도는 설명이 될 듯하다. 《동국이상국집》을 보면 이수와 서로 운자를 맞추어 주고받은 시들이 꽤 많이 전한다. 이로 미루어볼 때 최이에게 이수를 추천한 이 또한 이규보가 아니었을까. 하지만 그 농담과 우스갯소리 때문에 청요직에는 오르지

못했다니……

　조선시대에도 이런 분이 있었다. 바로 암행어사로 유명한 박문수 朴文秀(1691~1756)이다. 사실 그는 이인좌李麟佐(1695?~1728)의 난 진압에 공을 세워 분무공신奮武功臣으로 책록될 정도로 문무를 겸비했고, 국가 재정을 책임지는 호조판서 자리에 오래 있으면서 영조 대의 균역법均役法 실시에 깊이 간여하는 등 실무 감각도 뛰어난 인물이었다. 그런데 그는 경력으로 보나 실력으로 보나 충분히 재상이 될 만했음에도 불구하고 끝내 판서까지밖에 역임하지 못했다. 그의 당색이 소론이었던 점, 그리고 "연석筵席에서 때때로 간혹 우스갯소리를 하여 거칠고 조잡한 병통이 있"던 점 때문이었다.*

　이야기가 잠깐 딴 데로 샜다. 어쨌거나 이수도 나름 출세하여 상서예부시랑, 지금으로 치면 교육·외교부 차관 자리까지 올라간다. 그 즈음 이규보의 부탁을 받고 그의 문집 서문과 묘지명을 지었으니, 아마도 이수의 콧대는 하늘 높은 줄 몰랐을 것이다. 하지만 그의 영광은 거기까지였다. 하필이면 성 비위 문제가 그의 발목을 잡았던 것이다. 이수의 열전은 이렇게 끝을 맺고 있다.

> 부인이 죽자 상복도 벗기 전에 처조카의 부인과 간통했으며, 그 여자가 남편을 해치려다 일이 드러나 함께 섬으로 유배되었고, 여자는 유녀遊女의 적籍에 오르게 되었다. 이수가 문학으로 이름이 널리 알려졌으나, 행실이 이처럼 더러웠기에 사람들이 모두 그를 추한 인간으로 여겼다.

* 《영조실록英祖實錄》 권87, 1756년(영조 32) 4월 24일 영성군靈城君 박문수의 졸기 중에서.

[그림 47] 〈박문수 초상朴文秀肖像〉

암행어사로 유명한 기은耆隱 박문수의 초상. 박문수는 문무를 겸비하고 실무 감각도
뛰어난 인물이었다. 그러나 충분히 재상이 될 만했음에도 그는 끝내 판서를 역임하는
데 그쳤다. 그의 당색黨色이 소론이었고, 간혹 어전에서 우스갯소리를 했기 때문이었
다. 이규보가 자신의 삶을 기록해달라고 부탁했을 정도로 글솜씨가 뛰어났으나 곧잘
하던 농담과 우스갯소리 때문에 청요직에 오르지 못한 이수와 닮았다. 물론 박문수는
성 비위 문제로 유배간 이수와는 차원이 다른 인물이었다.

*출처: 국가유산청 국가유산포털

《고려사절요》에 따르면 이는 1243년(고종 30) 12월의 일이었다. 전후 사정을 들어봐야 알겠지만, 아무리 '돌싱'에게 비교적 너그러운 고려 사회였다 하더라도 지켜야 할 선은 있었다. 이수는 그 선을 넘었고, 이수의 상간녀는 더욱더 선을 넘었다. 유녀란 돈을 받고 매음하는 여성을 가리킨다. 이들은 관청에서 장부를 두어 관리했는데, '유녀의 적'이란 그 장부이다. 유녀의 자손은 과거 응시나 관직 진출이 크게 제한되는 등 많은 불이익을 받았다. 이수 정도 되는 인물의 처가라면 상당한 세를 가진 관료 계층이었을 것인데, 그런 집안의 사람이 섬으로 유배되는 것도 모자라 그런 낙인까지 찍히게 되었다면 아마 고려 사회에서 이수와 그 상간녀를 더는 알아주는 이가 없었을 것이다. 이수의 본관이 전해지지 않는 것도 그런 이유 때문으로 보인다.

이규보가 저승에서 이수의 훗날 모습을 보았다면 과연 무어라 말했을까.

이규보는 두 살 때 책 속 글자를 짚어가며 읽는 시늉을 했고, 아홉 살 때 처음 글을 지었다고 한다. 젊은 시절부터 그는 글짓기에 능했고 또 엄청나게 많은 글을 지었다. 스물두 살 때 하늘의 문장을 담당한다는 별 규성奎星이 "자네는 꼭 장원급제할 것이니 염려하지 말게나" 하고 알려주는 꿈을 꾸고서 이름을 '규보'로 고칠 정도였다. 문장의 별이 자신을 주목한다고 여길 만큼 그는 시를 짓고 문장을 엮는 데 남다른 자부심이 있었다. 아들 이함이 기록한 이규보의 연보에서는 평소 시 짓기에 골몰했던 그의 모습을 이렇게 묘사했다. "공은 평생에 집안 살림은 경영하지 않았고 늘 시와 술로 오락을 삼았는데, 침상에 누워서도 시를 끊임없이 읊었다."

당나라 대시인 이백李白(701~762)에 견주어 '주필走筆 이당백李唐白'이라는 명성을 얻었고, 후대의 문사들에게도 고려시대 문인 하면 첫손가락에 꼽혔던 이규보. 그런 그의 작품을 읽다보면 어디에서 글의 소재를 구하여 어떻게 글을 짓고 다듬었는지 어렴풋이 떠오를 때가 적지 않다. 비록 800여 년 전 사람의 경험이지만, 생각보다 오늘날 우리에게도 시사하는 바가 크다.

붓만 들면 걸작일세
이규보의 글짓기

묘한 오마주

옛 분들에게는 선인들의 작품을 베끼거나 비슷한 분위기를 낸 작품을 지어보는 것이 일종의 공부였다. 물론 표절이라는 비판을 받기도 하지만, 그 과정을 통해 선인들을 뛰어넘는 자기 세계를 구축해나갔다.

문학가 이규보는 이 문제에 대해 확고한 생각이 있었다. 선인의 작품을 익히지 않는다면 표절마저도 제대로 할 수 없으니 익숙하게 공부하는 것은 당연하지만, 그러면서도 새로운 뜻[新意]을 끊임없이 추구해야 한다는 것이다.* 그래서인지는 몰라도《동국이상국집》곳곳에는 어쩐지 다른 데서 본 듯하면서도 전혀 새로운 느낌의 시가 적지 않다. 예를 들어《동국이상국집》전집 권3에는 〈저문 봄 강가에서 그대

* 《동국이상국집》전집 권26, 서, 〈전이지가 글을 논한 편지에 답하다[答全履之論文書]〉.

를 보낸 뒤 느낌이 있어[暮春江上 送人後有感]라는 육언시六言詩가 있다. 함께 감상해보자.

[그림 48] 〈산수화山水畵〉
이규보는 선인의 작품을 익숙하게 공부하되 새로운 뜻을 끊임없이 추구해야 한다는 생각을 확고하게 가지고 있었다. 정지상의 〈그대 보내며〉가 떠오르지만 엄연히 다르게 빚어낸 〈저문 봄 강가에서 그대를 보낸 뒤 느낌이 있어〉라는 육언시에는 이런 이규보의 생각이 담겨 있는 듯하다. 그림은 전기田琦(1825~1854)와 유숙劉淑(1827~1873)이 엮은 《화첩畵帖》에 수록된 고람古藍 전기의 산수화. '석양 놀 해에 비쳐 불그레'한 해질녘, '강가 버들 휘늘어진 가지들'이 가는 사람 보내고 돌아오는 이규보의 허허로운 마음을 어지럽히는 모습이 손에 잡힐 듯하다.
*소장처: 국립중앙박물관

저무는 봄에 가는 그대 보내고 돌아오니

눈에 가득한 방초芳草에 마음 상하네

다른 날 조각배가 돌아온다면

뱃사공에게 알려주리라

이내 낀 강 천 리에 아득한데

마음은 버들개지인 양 어지러이 날린다

하물며 꽃 지는 시절에

그대 보내고 서운하지 않으랴

석양 놀 해에 비쳐 불그레하고

멀리 강물은 하늘에 닿아 푸름을 다툰다

강가 버들 휘늘어진 가지들

가는 손 얽매어 떠날 줄 모르누나

그런데 이 시가 풍기는 분위기가 왠지 정지상鄭知常(?~1135)의 〈그대 보내며[送人]〉를 떠오르게 한다. 형식이나 내용이 비슷하다는 게 아니라, '분위기'가 말이다.

비 개인 긴 강둑에는 풀빛 더욱 푸르른데

그대 보내는 남포에서 슬픈 노래 울먹이네

대동강 물은 그 어느 때에 마르려는가

해마다 이별의 눈물 물결에 더하고 더하나니

—《동문선》 권19, 칠언절구七言絕句, 〈그대 보내며〉

이규보,
정지상의 손을 들어주다

언급한 김에 정지상에 대해 조금 더 이야기해보자. 지금까지도 간혹 언급되곤 하는 '김부식金富軾(1075~1151)과 정지상의 다툼', 그 원전이 바로 《백운소설白雲小說》이기 때문이다. 최근에는 이규보가 직접 편찬한 책이 아니라는 설이 제기되고 있지만, 적어도 그의 글을 위주로 편집한 것임은 분명하다고 여겨지므로 이를 인용한다.

> 시중侍中 김부식과 학사學士 정지상은 문장으로 함께 한때 이름이
> 났는데, 두 사람은 알력이 생겨서 서로 사이가 좋지 못했다. ……
> 뒤에 정지상은 김부식에게 피살되어 음귀陰鬼가 되었다. 김부식이
> 어느 날 봄을 주제로 시를 읊기를,

버들 빛은 천 가닥 푸르고
복사꽃은 만 점이 붉도다

하였더니, 갑자기 공중에서 정지상 귀신이 김부식의 뺨을 치면서
이르기를,
"천 가닥인지, 만 점인지 누가 세어보았더냐? 왜, '버들 빛은 가닥
가닥 푸르고 /복사꽃은 점점이 붉도다'라고 하지 않는가?"라 하니,
김부식은 마음속으로 그를 매우 미워하였다.
─《백운소설》중에서

다음 단락은 영 좋지 않은 곳과 관련된 김부식의 죽음 이야기이기
때문에 줄이지만, 귀신이 사람 뺨을 때렸다느니 거기를 비틀었다느니
하는 것이 실제 있었던 일일 리 없다. 그럼에도 이런 이야기를 적었던
것은, 적어도 이규보가 이 이야기의 교훈(?)에 공감하는 바가 있었기
때문 아닐까.

이규보의 처지로 미루어볼 때, 살아생전 권세를 있는 대로 부리고
천수를 누린 김부식보다는 문장으로 입신立身했다가 중간에 그쳐버
렸던 정지상에게 더 동질감을 느꼈을 가능성이 크다. 〈동명왕편〉에서
보듯 이규보는 김부식이 동명왕의 신이한 사적을 기술하지 않은 것에
관해서도 불만이 있었다. 하지만 그런 사적인 감정보다 어쩌면 더 중
요한 것은 두 사람 글맛의 차이였다고 본다.

〈그대 보내며〉에서 보듯 정지상은 사람의 감성을 자극하는 만당晚
唐 느낌의 낭만적 서정시에 능했다. 반면 김부식의 시는 문인의 사회
적 책임이 요구되던 송나라 때의 분위기를 반영해 다소 설명적인 송

[그림 49] 정지상과 김부식이 쓴 것으로 여겨지는 글씨

지금까지도 종종 언급되는 '김부식과 정지상의 다툼'은 이규보의 글을 중심으로 편집한 《백운소설》이 원전이다. 이규보는 작대기 같은 시를 쓴 김부식보다 낭만이 가득한 시를 남긴 정지상 쪽에 끌려서 두 사람의 다툼을 기록으로 남겨놓았던 것이 아닐까 싶다. 그림은 일제강점기에 편찬된 《해동역대명가필보》에 수록된 정지상(왼쪽)과 김부식(오른쪽)의 글씨.

*소장처: 국립중앙도서관

시宋詩의 영향을 짙게 받았다. 그래서인지 그의 시를 보면 잘 나가다가 끝에 가서 무언가를 단정하거나 도덕적 판단을 하는 경우가 많아서, 조선시대 성리학자의 시를 읽는 듯한 기분이 들기도 한다. 김부식이 쓴 시를 한 편 읽어보자.

성과 궁궐 깊고 엄한데 물시계 소리 길고
등불 산과 불 나무가 어울려 찬란하여라
살랑대는 봄바람에 얇은 비단옷이 너울너울
서늘한 새벽달 아래 금벽金碧이 분명하다
임금님 자리는 하늘 북극에 드높이 마련되고
옥향로는 대궐 중앙에 마주 대하였다
임금님 공손하고 잔잔하여 성색聲色을 멀리하시니
이원梨園의 기녀들아 온갖 장신구 자랑을 마라
－《동문선》권12, 칠언율시七言律詩, 〈등석燈夕〉

아무래도 '새로운 뜻'을 추구했던 이규보라는 사람의 성격상, 작대기 같은 시를 쓴 김부식보다 낭만이 가득한 시를 남긴 선배 정지상 쪽에 끌릴 수밖에 없었던 모양이다. 그랬기에 굳이 '김부식과 정지상의 다툼'을 기록으로 남겨놓았던 것이 아닐까. 그것은 시절의 매서움에 스러지고 만 한 문인의 문학적 복권 선언이었다.

관행이라도,
잘못됐으면…

관행慣行이라는 단어를 국립국어원의 《표준국어대사전》에서는 "오래
전부터 해 오는 대로 함. 또는 관례에 따라서 함"이라고 풀이하고 있
다. 예전부터 지금까지 이어받아가면서 하는 일이라는 뜻이겠다. 좋
고 옳은 일이 그렇게 이어지면 오죽 좋으련만, 현실에서는 그리 되지
않는 경우가 훨씬 더 많다. 그리고 거기에서 문제가 생긴다. 잘못 처
리한 것을 뒷사람이 그대로 따라서 하고, 그걸 또 그대로 따라서 하고
……. 그것이 관행이라는 이름으로 이어지게 되는 것이다.

　물론 뒷사람에게도 할 말은 있다. 앞사람이 별문제 없이 일을 처리
했는데 그걸 고쳤다가 누구한테 무슨 소리를 들을지 모른다, 안 그래
도 바쁜데 어구 하나하나를 따져가며 무언가를 고치는 과정이 더 고

통스럽고 어렵다는 것이다. 그러니 잘못임을 알면서도 하게 되고, 더러는 잘못이 있는지도 모르고 그저 할 뿐이다. 물론 필자 스스로도 이런 '관행'에서 자유롭지 못하다.

백운거사 이규보 선생도 시를 지으면서 알게 모르게 이런 경험이 적지 않았던 모양이다. 그래서인지 다음과 같은 글을 남겨놓고 있다. 길지 않으므로 전문을 인용하면 다음과 같다.

옛사람이 고사故事를 잘못 인용하곤 하였는데, 뒷사람은 그것을 그대로 이어받는다. 또 뒷사람은 그것이 잘못을 그대로 이어받은 것인 줄 알면서도 별로 허물이라 여기지 않으니, 이를테면, 이백이 왕희지王羲之(307~365)가 거위와 바꾼 《도덕경道德經》을 황정黃庭이라 (잘못 인용)하고 두목이 (지휘한다는 동사) 일휘一麾(를 '깃발'이라는 명사)로 쓴 것 등이 바로 그것이다.

나는 그것을 잘못이라고 생각한다. 왜냐?

사람이란 능히 실수가 없지 않다. 비록 훌륭한 솜씨라도 혹 실수를 저지를 수 있다. 실수를 저지른 일이 있으면 이를 거울삼아 경계해야 할 터인데 또 이어받아 사용하니, 이것은 허물을 본받은 것과 무엇이 다르겠는가. 이것은 특히 작은 실수일 뿐이다. 만일 이보다 더 큰 실수가 있더라도 또 옛 어진 이가 사용한 것이라고 해서 그 잘못된 것을 그대로 이어받겠는가. 잘못을 그대로 이어받는다는 설을 비록 옛사람 중에도 혹 수긍한 이가 있으나 나는 취하지 않는다.

– 《동국이상국집》 후집 권11, 의議, 〈잘못된 일을 그대로 이어받은 것을 의론하다[承誤事議]〉

[그림 50] 이백과 두목

이백과 두목은 당나라의 위대한 시인이다. 하지만 단어를 엉뚱하게 인용하여 후대인들이 잘못 쓰도록 만들기도 했다. 이에 대해 이규보는 "실수를 저지른 일이 있으면 이를 거울삼아 경계해야" 한다고 말한다.

이백과 두목은 당나라의 위대한 시인이다. 하지만 그들도 사람이었던지라 단어를 엉뚱하게 인용할 때가 있었다. 그런데 그들이 한 번 그렇게 써놓으니 뒷날 시를 공부하는 이들이 모두 그대로 인용하는 사태가 벌어졌다. 단어의 뜻이 전와轉訛된 것이다. 오랜 시간이 지나 너나할 것 없이 쓰게 되었지만, 이규보는 말한다. 그렇게 잘못 쓰는 것일랑 그만두어야 한다고.

나도 이렇게 다니던
시절이 있었지

코로나19가 그렇게 온 세상을 뒤덮고 나라와 나라 사이의 길을 막을 줄 누가 상상이나 했었을까? 숨 쉬듯 여행 다니던 사람들은 야속한 바이러스를 원망하다가, SNS에 올렸거나 휴대폰 폴더에 저장해두었던 예전 여행 사진들을 보면서 허전한 마음을 달래곤 했다. 아, 저때는 저기를 갔지, 이때 여기 음식이 참 좋았는데, 하면서.

800년 전 아저씨 이규보도 여행을 다닌 적이 있다. 물론 공적인 임무를 띤 출장이었지만, 출장 다니는 길에 여러 고을의 명소를 둘러보았고 그 분위기를 느끼곤 했다. 옛 수도의 풍치가 남은 전주, 중국 가는 길이 멀지 않다는 변산, 고구려에서 날아왔다는 전설이 담긴 완주 비래방장飛來方丈, 다리를 후들후들 떨면서 올라간 부안의 원효방元曉

房과 불사이방不思議房······. 이규보는 그렇게 여행을 다니면서 틈틈이 방언과 속어를 섞어가며 메모를 해두었다. 개경으로 올라온 뒤, 이규보는 그 메모를 정리해 여행 과정을 〈남행월일기南行月日記〉라는 기록으로 남겼다.

왜 그는 자신의 여행을 기록으로 남겼는가? 그는 스스로 이렇게 말한다.

내가 일찍이 사방을 두루 다녀 무릇 나의 말발굽이 닿는 곳에 만일 이문異聞이나 이견異見이 있으면, 곧 시詩로써 거두고 문文으로써 채집하여 후일에 볼 것을 만들고자 하였으니, 그 뜻은 무엇인가?

[그림 51] 〈우금암도禹金巖圖〉(부분)

이규보는 변산, 완주 비래방장, 부안 원효방과 불사의방 등 지금의 전라북도 지방을 다닌 여행 과정을 〈남행월일기〉라는 기록으로 남겼다. 이 중 원효방은 부안 우금산의 정상부를 이루는 바위 우금암의 아래에 있는 개암사 뒷산 울금바위 속 동굴로, 신라의 고승 원효元曉(617~686) 스님이 수도했다 하여 원효방이라 불렸다. 그림은 조선 후기의 서화가 표암豹菴 강세황姜世晃(1713~1791)이 아들 완俒이 부안현감으로 재임(1770. 8~1772. 1)하던 당시 이틀에 걸쳐 부안의 변산 일대를 유람하며 그린 산수화로, 과연 이규보가 다리를 후들후들 떨면서 올랐을 만큼 험준한 바위가 생생하다.
*소장처: 미국 LA카운티미술관

가령 내가 늙어서 다리에 힘이 없고 허리가 굽어 거처하는 곳이 방 안에 불과하고, 보는 것이 자리 사이에 불과하게 될 때, 내가 손수 모은 것을 가져다가 옛날 젊은 시절에 분주히 뛰어다니며 노닐던 자취를 보면, 지난 일이 또렷이 바로 어제 일 같아서 족히 울적한 회포를 풀 수가 있겠기 때문이다.

–《동국이상국집》전집 권23, 기,〈남행월일기〉중에서

이규보는 여행 이후를 생각했다. 교통이 불편하던 그 시절, 여행이란 이런 공무 출장이 아니라면 정말 큰마음 먹고 가야 하는 일이었다. 아무리 좋았어도 다시 찾는 발걸음을 기약하기 힘들었다. 그러니 코로나 시절 사람들처럼 이규보도 여행 다니기 힘들게 될 때 예전에 다녀온 생각을 하며 견딘 것이다. 그때는 사진이 없었으니 붓으로 기록을 남길 수밖에 없었다. 까만 먹글자를 되짚어 읽어가며 좋았던 시절의 모습을 머릿속에 그리는 백운거사 이규보! 아, 그에게 스마트폰 하나를 쥐어주고 싶다.

후다닥 시 짓기를
경계함

중학교, 고등학교 국어 시간에 고려가요 이야기는 많이 들었을 것이다. 그중 〈한림별곡〉이라는 노래가 전한다. 고려 중기의 문인들이 함께 지은 경기체가景幾體歌의 일종으로 "경景 긔엇더ᄒ니잇고[景何如]"라는 구절이 후렴으로 들어가 있다. 경기체가로서 현재 전해지는 가장 오래된 작품이라는데, 여기에도 이규보가 빠지지 않는다.

니정언 딘한림 솽운주필 李正言 陳翰林 雙韻走筆

정언 이규보와 한림 진화, 이 둘이 서로 운자를 맞추며 '붓을 달렸다'는 뜻이다. '붓을 달리는' 주필走筆이란 무엇인가? 이규보는 주필

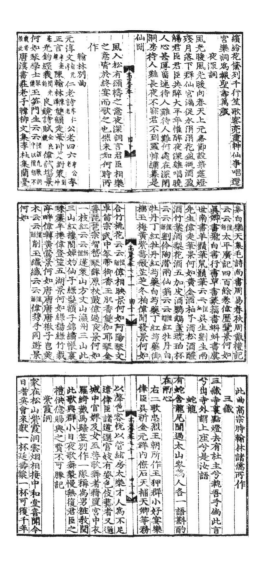

[그림 52] 〈한림별곡翰林別曲〉

이규보는 〈한림별곡〉에도 주필(사람을 시켜서 운자를 부르게 하고 순식간에 시를 지어내는 일)로
언급될 정도로 빠르게 글 짓는 데 능했다. 그러나 정작 이규보는 "시체詩體를 잃"을 수 있
다는 점을 들어 주필에 비판적이었다. 그림은 《고려사》 악지樂志에 수록된 〈한림별곡〉.

을 이렇게 설명했다.

> 대저 창운주필唱韻走筆이라는 것은, 사람을 시켜서 운자를 부르게
> 하고는 눈 한 번 깜짝할 사이에 시를 지어내는 것이다.
> —《동국이상국집》전집 권22, 잡문논雜文論,〈주필의 일을 간략한
> 말로 논하다[論走筆事略言]〉중에서

이규보는 후다닥 글을 짓는 데 능했다. 그의 별명 중 하나가 '주필
이당백'이었고,〈한림별곡〉에도 주필로 언급될 정도였으니 말이다.
한시를 짓는 일은 결코 쉽지 않다. 어지간한 한자의 소릿값과 뜻을 꿰
고 있어야 하며, 문학적인 향취가 나게끔 그 한자들을 얽어야 하기 때
문이다. 그렇기에 당시에도 주필은 대단한 글재주를 가지고 있어야
했고, 다른 사람들에게는 신기한 구경거리였다. 이규보는 그런 주필
로 명성을 얻었다. 하지만 정작 그는 주필에 비판적이었다.

> 이것이 당초에는 친구들 사이에 술 취하였을 때 미친 흥을 풀어낼
> 길이 없어, 드디어 시에 의탁하여 그 기백을 격앙시켜 한때의 상쾌
> 한 웃음거리를 제공하는 것으로 쓰였을 뿐이니, 상법常法으로 삼을
> 수도 없는 것이며, 또한 존귀한 사람 앞에서는 할 수 있는 게 아니
> 다. …… 처음에는 구구한 이런 짓을 세상에 알리려고 한 게 아니
> 었는데, 도리어 공경公卿과 귀척貴戚들에게 알려지게 되어, 그들이
> 모두 나를 맞이하여 술자리를 베풀고 지어보기를 권하면 간혹 부
> 득이할 경우에 짓기도 하였다. 허나 점차 창우倡優(광대)의 유희하
> 는 잡기처럼 되어버려, 간혹 구경꾼들이 담처럼 둘러서기도 하였

으니 더욱 가소로운 일이었다.

그만두고 다시는 하지 않으려 하였는데, 이제 다시 상국相國 최공崔公(최이)이 찬미하게 되자, 후배 중에서 주필을 하는 자가 잇달아 나왔다. 이 일이 처음에는 꽤 볼 만한 것 같으나 뒤에는 쓸데가 없다. 더구나 시체詩體를 잃은 것이니, 만일 그것이 점점 풍속이 된다면 후세에 나를 구실로 삼을지도 모른다. 주필로 지은 시들은 취중에 지은 것이므로 많이 버리고 기록하지 않는다.

─《동국이상국집》 전집 권22, 잡문논, 〈주필의 일을 간략한 말로 논하다〉 중에서

밤새워 능을 지키는
이 내 신세

밤 깊어 고요한 날 숙직을 설 때가 있다. 당직실 바깥은 온통 깜깜하여 하늘엔 별만 종종한데 창밖에서 멀리 나지막하게 새소리가 울려 퍼지면, 마치 지금 여기가 태초의 어느 순간인 양 느껴지곤 한다. 문득 이규보 선생이 숙직 선 이야기가 《동국이상국집》에 있지 않을까 싶어 찾아보니, 역시나 몇 편 있었다. 그중 가장 연대가 이른 듯 여겨지는 것을 골라 소개해본다. 엄밀히 말하면 숙직이라기보다는 잠 안자고 있던 데 가깝겠지만.

신령스러운 송악이 몹시 추운 줄 누가 걱정해주랴

동지冬至 제사라 능에 묵을 때 송악松岳이 몹시 추웠다.

광릉에서 해 보내며 스스로를 비웃는다
푸른 관복의 대축大祝이라고 웃지를 말게나
매양 시 짓기 내기하면 내 시가 으뜸으로 돈단다
낮은 벼슬에 있으면서 늘 축사祝史*가 되었다.
―《동국이상국집》전집 권10, 고율시, 〈섣달 그믐밤 광릉国陵에서
머무르면서 짓다除夜 宿国陵有作〉

'광릉'은 어떤 왕이나 왕비의 능일 텐데 누구의 것인지는 모르겠다. 《고려사》를 봐도 산직장상散職將相 두 명이 지키는 능이라는 설명만 있을 뿐이다. 아마도 송악산 자락에 바짝 붙어 있었나본데, 어느 섣달그믐께 이규보가 제사 지낼 목적으로 그 능을 찾았다. 시의 주석에는 '동지(양력 12월 22~23일) 제사'라고 나오는데 왜 음력 '섣달그믐'에 갔는지 이유가 궁금하다. 물어볼 수도 없고.

현종顯宗 때 소나무가 신병神兵으로 변해 거란군을 막아줬다는** 송악산이 그날따라 어찌 이리 추운지! 재실齋室 창문 틈으로 들어오는 바람이 유독 찼는지 하급 관료가 입는 푸른 관복쯤은 가뿐히 뚫었다. 수세守歲라고 해서 섣달그믐날 밤은 잠을 자지 않고 지내는 풍속이 있었다. 잠을 자면 눈썹이 허옇게 변한다나. 백운거사도 그 풍속을 따라 밤을 지새운다. 글 쓸 생각도 잘 안 났을 것 같은 추위, 졸음과 싸우며 이규보는 스스로를 비웃는다. 이게 무슨 꼴인가.

그는 오기가 생겼다. 오기를 펼쳐낼 재주가 자연스레 떠올랐다. 바

* 제사 때 축문 읽는 관리.
**《선화봉사고려도경》권17, 사우조祠宇條 숭산묘崧山廟.

百
年
天
假
過
滿
不
明
指
顧
間
月
當
時
花
護
畫
懷
今
日
對
秋
山
古

[그림 53] 〈만월회고滿月懷古〉(부분)

1612년(광해군 4) 송도에 근무했던 관원 네 명이 모두 장원으로 급제했음을 기념하여 용두회龍頭會를 연 후 이를 기념하기 위해 제작한 〈송도사장원계회도병松都四壯元契會圖屛〉의 제4폭. 만월대 뒤에 송악산이 보인다. 이규보가 추위에 벌벌 떨며 밤새워 숙직을 서야만 했던 '광릉', 저 송악산 어딘가에 있었겠지만 그 위치를 아는 이 지금은 아무도 없다.
＊소장처: 국립중앙박물관

로 그 스스로의 시였다.

'이 추운 겨울날 능제陵祭 지내러 왔다고 내가 만만해 보이지? 하! 내가 누군 줄 아나? 나 시 썼다 하면 1등 먹는 이규보야, 왜 이래? …… ㄷㄷㄷ 에취!'

김용선 선생님은 《이규보 연보》에서 이 시가 이규보 34세 때인 1201년(신종 4) 작품이라고 고증하고 있다. '백수' 이규보가 개경의 초당에서 어머니를 모시고 은둔하듯 살던 시절이다. 그런데 '푸른 관복'을 입고 능에서 밤을 지새웠다……. 고려시대에는 왕릉에 제사를 지낼 때 과거 합격자나 전직 관료를 차출해서 임시직을 내리고 축문을 짓거나 읽게끔 했던 모양이다. 하기야 하릴없이 집에서 노는 것보다야 나은 일이기는 했겠다. 하지만 동짓달 추위가 좀 매서운 게 아닌데, 그런 추위에 떨며 밤을 새워서도 시를 지을 정신이 있었다니. 역시 이규보 선생, 참 대단하다.

포도 넝쿨 아래에서

워낙 와인의 이미지가 강해서 그런지, '포도'라는 과일은 옛날 분들이 몰랐을 것으로 생각하는 경우가 많은 듯하다. 하지만 천만의 말씀. 야생 포도라고 할 수 있는 머루는 제쳐두고라도, 원산지가 서아시아인 포도는 일찍이 한나라 때 중앙아시아를 거쳐 중국에 건너와 있었다. 서역에서 온 호희胡姬가 따라주는 포도주를 마시는 게 당대唐代 문인들의 풍류 중 하나였다. 지금도 중앙아시아 지역은 갖가지 포도의 산지로 유명하다.

포도는 고려에도 알려져 있었다. 개경의 한 스님이 나무를 엮어 기둥과 지붕을 만들고 거기에 포도 넝쿨을 심어 그늘을 드리웠다. 오래된 학교에 있는 등나무 덩굴을 생각하면 이해가 빠를까. 여하튼 그 포도 넝쿨이 퍽 진기한 구경거리였던 모양이다. 개경의 명사들이 저마

[그림 54] 〈포도도葡萄圖〉

조선 후기 화가 죽창竹窓 심정주
沈廷冑(1678~1750)의 그림. 건성사
스님이 심어 개경 사람들의 진기
한 구경거리가 된, "뒤쪽 넝쿨이
앞쪽 넝쿨을 부축하고 새 줄기가
묵은 줄기를 따라 자"랄 정도였
던 포도 넝쿨도 어쩌면 이렇게 생
기지 않았을까.
＊소장처: 국립중앙박물관

다 시를 지어 노래했다 하는데, 이규보도 이에 질세라 율시律詩 한 수
를 읊었다.

> 시렁의 포도 넝쿨 이리저리 뻗었구나
> 처마에 눌린 낮은 난간 그늘이 시원하다
> 가을도 안 되었는데 열매에 맺힌 이슬 보이고
> 대낮이건만 햇빛이 반도 들지 않는구나
> 뒤쪽 넝쿨이 앞쪽 넝쿨을 부축하고
> 새 줄기가 묵은 줄기를 따라 자란다오
> 잇닿은 옥 같은 열매 가벼이 따지 말길

달고 부드러우려면 응당 실컷 서리 맛아야죠

－《동국이상국집》전집 권12, 고율시, 〈건성사 제석전의 전주殿主
겸謙 스님이 기거하는 누관樓觀 앞에 시렁[架子]을 만들고 포도 넝
쿨을 틀어올려 차양을 삼았는데 이를 두고 시를 읊은 이가 많았으
므로 겸 스님이 나에게 차운하기를 청하다[乾聖寺帝釋殿主謙師所居樓
架蒲桃遮陽 賦者多矣 師請子·次韻]〉

구경 온 사람들이 넝쿨을 잡아당겨 열매를 따 먹기도 했나보다.
'아저씨'였던 이규보가 이를 그저 보고만 있을 리 만무, 그런 성질 급
한 사람들에게 한 소리 한다. 포도가 더 달고 부드러워지려면 서리 내
리는 가을까지 기다려야지, 아직 시큼할 때 따먹어서 뭐하느냐고. 글
을 쓰다보니 유명한 샤인머스캣을 먹어보고 싶다는 생각이 문득 든
다. 너댓 번 먹어보고 그 단맛에 감탄하긴 했는데, 이규보 같은 시를
지을 능력이 없으니 아직 상찬의 글을 붙이진 못했다.

갑자기 때 아닌
꽃이 폈어요!

17세기 동아시아를 휩쓴 정치적·사회적 격변이 이전과 다른 기후의 급격한 변화 때문이었다는 설이 역사학계에서 제기된 적이 있다. 이른바 '소빙기' 설인데, 기후가 인간의 생활과 밀접한 관계에 있음을 새삼 짚은 것은 탁월한 지적이었다. 그런데 그런 장기적인 기후 변화가 아닌, 사람들이 느끼지 못하는 날씨의 단기적 변화는 고려시대에도 더러 있었던 모양이다. 그러한 변화를 민감하게 느낀 것은 역시나 식물이었다. 《동국이상국집》 전집 권13에 실린 시 두 수를 보자.

봄꽃과 가을꽃 같은 가지에서 피었으니

하늘의 조화가 어디서 오는지 참 알 수 없네

[그림 55] 〈배꽃〉
조선 후기 화가 애춘藹春 신
명연申命衍(1808~1886)이 그
린 《산수화훼도山水花卉圖》
중 하나. 원래 봄에 피는 배
꽃이 음력 8월에 피다니, 이
규보의 읊조림처럼 술 취한
하늘님이 이미 지나간 봄을
잘못 보낸 듯하다.
＊소장처: 국립중앙박물관

　한 해에 꽃 두 번 피는 것을 만약 징험한다면

　수척한 얼굴에도 다시 젊음이 피어날는지

　소슬한 가을바람 솨~솨~ 부는데

　때아닌 배꽃 예쁘게도 피어났네

　하늘 위에서 술 취한 희화씨羲和氏가

　이미 지나간 봄을 잘못 보내었는지

　제목이 〈8월에 홀연히 배꽃이 피어남을 보고서[八月見梨花忽開]〉이다.
원래 봄에 피는 배꽃이 음력 8월에 피었다고? 이규보의 표현대로 하늘님이 술 한 잔 하시고 개경에 봄바람을 불어넣어주신 것인가? 지금이라면 지구 온난화 또는 엘니뇨를 떠올릴지 모르겠지만 800년 전에는 도대체 무엇 때문에? 모를 일이다. 송대宋代 농업사 연구를 보면 이 시기 중국도 기후 변화, 특히 이상 온난溫暖에 자주 시달렸다고 한다.

아무튼 어떤 연유로 기상이변이 있었고, 이규보가 이를 시로 남겼다. 1년 365일 같은 사계절이 똑같이 반복됐다면 이런 시가 나올 수 없었으리라. 아마 이규보는 저 신기한 현상보다도 꽃을 구경하면서 술 마실 생각에 더 흐뭇해졌을지 모르지만.

청자 베개를 베고
무슨 꿈을 꾸랴

자료가 부족한 고려 역사, 그러나 아쉬운 대로 고려 사회의 여러 면모를 알려주는 것이 바로 《동국이상국집》이다. 한국 도자사 또한 이에 도움받는 바가 적지 않다. 이규보가 읊은 청자나 도기(질그릇)들이 실물로 남아 전하는 예도 있고, 지금은 알 길 없는 물건을 묘사한 것도 있기 때문이다.

이규보가 말한 청자 중에는 베개도 있다. 네모나게 만들고 가운데를 움푹 들어가게 하여 머리와 목을 받치게 해놓았는데, 아마 푹 자는 용도라기보단 살짝 누워 낮잠을 즐기는 데 쓰이지 않았을까. 혜곡兮谷 최순우崔淳雨(1916~1984)는 이를 두고 '헤드레스트Headrest'라는 표현을 썼다. 어쨌건 이규보는 그 청자 베개를 이렇게 읊었다.

[그림 56] 청자 상감 모란 구름 학 무늬 베개

여섯 개의 판板을 붙여 만든 베개로, 현재 남아 있는 고려청자 상감 베개 가운데 가장 세련된 작품이다. 부귀영화를 상징하는 모란과 무위자연無爲自然의 이미지인 구름과 노니는 학을 조화롭게 상감했다.

[그림 57] 한단지몽邯鄲之夢 고사 벽화(부분)

중국 허베이성河北省 한단시邯鄲市 황량명진黃粱梦镇에 한단지몽 고사를 바탕으로 지어진 노생사盧生寺의 벽화. 이규보는 물보다 맑은 때깔의 청자 베개를 베고 어지러운 노생의 꿈을 꾼 모양이다.

＊소장처: 국립중앙박물관/중국 한단 노생사

푸른 자기 베개 물보다 맑고

손에 드니 옥을 만지듯 매끄러워라

몸 날려 그 속에 들지 말게나

어지러운 황량몽黃粱夢이었지만

한단邯鄲의 푸른 노새가 어찌 부끄러우랴

　　　－《동국이상국집》 전집 권16, 고율시, 〈푸른 자기 베개[綠瓷枕]〉

보통 한시는 짝수로 대구를 맞춰 짓는다. 하지만 이 시는 5행뿐이다. 애초에 5행만 썼는지 한 행이 누락되거나 소실되었는지는 모르겠지만, 내용상으로는 크게 더하거나 덜할 것이 없어 보인다. 당나라 때 한단 고을에서 노생盧生이라는 사람이 도사 여옹呂翁이 빌려준 도자기 베개를 베고 낮잠을 자는데, 베개에 난 구멍으로 들어가 온갖 부귀영화를 누리다가 깨어나니 아직 기장밥이 다 익지도 않았더라는 한단지몽邯鄲之夢 고사를 인용하며 시를 전개했다. 이규보는 그럼 자신을 노생에 견준 것일까. 물보다 맑은 때깔의 청자 베개를 베면서 그는 퍽 '어지러운' 꿈을 꾸었던가 보다.

유물로 남은 고려청자 베개를 보면 대부분 옆에 구멍이 뚫려 있다. 이는 가마에 넣고 굽다가 터지는 것을 방지하기 위한 실질적 기능도 있지만, 주무시는 분이 노생마냥 꿈에서 다른 세상을 구경하십사 하는 배려도 있지 않을까. 최순우 선생이 수필에 쓴 표현처럼 "신선한 고려의 잔잔한 바람"을 타고서.

기본 형태가 매우 단순하고 또 잠시 머리를 쉬는 여름 베개로서 기능적으로 나무랄 데가 없으며 양 마구리에 뚫린 둥근 구멍으로는 신선한 고려의 잔잔한 바람이 드나들었을 것 같아서 공연히 한국 공예답다는 즐거움이 앞선다.

– 최순우, 〈청자상감운학문 베개〉 중에서

질항아리의 노래

《동국이상국집》 전집 권1에는 〈도앵부陶罌賦〉라는 글이 하나 실려 있다. '질항아리의 노래' 정도로 번역되는데, 글 내용은 다음과 같다.

내가 질항아리[陶罌] 하나를 가졌는데 술맛이 변치 않으므로 매우 소중히 여기고 아낀다. 또 내 마음에 비유한 바가 있어 이 부賦를 지어 노래한다.

나에게 자그마한 항아리가 하나 있는데 쇠를 두들기거나 녹여서 만들지 않고 흙을 반죽하여 불로 구워 만든 것이다. 목은 잘록하고 배는 불룩하며 주둥이는 나팔처럼 벌어졌다. 영甁*에 비하면 귀가

* 귀가 있는 병.

없고 추甂*에 비하면 주둥이가 크다. 닦지 않아도 마치 칠한 것처럼 검은 광채가 난다.

어찌 금으로 만든 그릇만 보배로 여기랴. 비록 질그릇이라 할지라도 추하지 않다. 무겁지도 가볍지도 않아서 한 손에 들기 알맞으며 값도 매우 싸서 구하기가 쉬우니 깨진다 하더라도 뭐 아까울 것이 있겠는가. 술이 얼마쯤 담기느냐 하면 한 말도 들지 않는데 가득 차면 다 마시고 다 마시면 다시 붓는다.

진흙을 잘 구워서 깨끗이 만든 까닭에 변하지도 않고 새지도 않으며 공기가 잘 통해서 목이 막히지 않으므로 따라 넣기도 좋고 부어 마시기도 편리하다. 잘 부어지는 까닭에 기울어지거나 엎어지지도 않고 잘 받아들이는 까닭에 계속 술이 담겨 있다. 한평생 담은 것을 따진다면 몇 섬이나 되는지 셀 수가 없다. 마치 겸허한 군자처럼 떳떳한 덕이 조금도 간사하지 않다.

아, 재물에 도취한 저 소인들은 두소斗筲**와 같이 좁은 국량으로써 끝없는 욕심을 부리고 있다. 쌓기만 하고 남에게 줄 줄 모르면서 오히려 부족하다 하니 자그마한 그릇은 쉽게 차서 금방 엎어진다. 나는 이 항아리를 늘 옆에 놓고 너무 가득 차면 넘치게 되는 것을 경계한다. 타고난 분수 따라 한평생을 보내면 몸도 온전하고 복도 제대로 받으리라.

'항아리'라고 번역하기는 했지만, "목은 잘록하고 배는 불룩하며

---

* 주둥이가 작은 질항아리.
** 한 말 혹은 한 말 두 되들이 참대그릇으로, 옹졸한 사람을 비유하는 표현.

[그림 58] 토제광구병土製廣口瓶
주로 액체를 담는, 목이 좁으며 넓은 아가리를 갖춘
광구병 중 도기로 만든 병.

[그림 59] 〈대쾌도大快圖〉(부분)
조선 후기 화가 혜원蕙園 신윤복申潤福(1758~1817?)이 그린 것으로 전해지는 〈대쾌도〉
의 하단부, 씨름을 구경하던 일부 관객이 외곽에 마련된 술판으로 가 술을 마시는 모
습. "목은 잘록하고 배는 불룩하며 주둥이는 나팔처럼 벌어"진 술병이 이규보가 "질그
릇이라 할지라도 추하지 않다"고 예찬한 그 질항아리를 떠올리게 한다.
＊소장처: 국립중앙박물관

주둥이는 나팔처럼 벌어졌다"는 이규보의 묘사만으로 보면 술병에 더 가까워 보인다. 까만 흑유黑釉가 입혀져 광택이 돌기는 해도 당시에 꽤 흔하게 쓰이던 모양인데, 이규보는 그 별것 아닌 질항아리—병일 수도 있지만—를 참으로 아꼈다. 술을 넣어 늘 곁에 두었고, 글의 소재로 삼아 영원히 역사에 남기기까지 했다.

고려시대 청자나 도기 중에 이 글에 나오는 것과 아주 비슷한 병이 있다. 입은 크고 목은 잘록하며 배는 불룩해서, 목을 잡고 무언가를 부어 넣거나 따르기 편하게 되어 있다. 입이 넓다 해서 광구병廣口瓶, 머슴들이 썼다고 속칭 '머슴병' 또는 '담살이병'이라고도 불리는데, 이규보의 표현을 빌려 '도앵'이나 '군자병'이라고 불러보는 것은 어떨까.

반딧불이

도시에서 자란 필자는 반딧불이를 딱 한 번 직접 보았다. 저녁나절 양수리 강가를 걷다가 바람을 타고 나는 반딧불이 몇 마리를 만났는데, 그 차갑고 은은히 반짝이는 빛은 아마 영원히 잊지 못할 것이다. 그전까지는 '형설지공螢雪之功'이라는 고사성어나 사진에서만 보았을 뿐이었지만, 직접 만난 후 내게 '반딧불이'는 살아 움직이는 실체가 되었다.

지금은 아주 드물어졌지만, 800년 전 이규보의 시대만 하더라도 반딧불이는 그리 귀한 곤충이 아니었던 것 같다. 미물이었지만 이규보, 그의 시심詩心은 거기에도 닿았다.

온갖 벌레 푹 잠들고 밤은 어둑어둑

괴이하다! 너만이 등불 들고 홀로 노니네

때로는 미인의 비단부채에 얻어맞고

또는 시인의 비단 주머니에 잡혀들며

낮게 날면 옷깃에 찰싹 붙을 것 같다가

높이 날면 끝이 없어 지붕도 훌쩍 넘네

다시는 저 하늘 끝까지 날지 말거라

사천대司天臺가 잘못 유성으로 아뢰리니

너의 불은 원래 태우지 못하고

그저 빛만 반짝반짝

아무리 띠풀로 엮은 집이더라도

네 멋대로 날도록 하네

푸르스름한 빛 풀에 한 점 찍혔는데

맑은 이슬이 달빛에 비치었는지

날아서 창문 안에 들면

서책을 비출 수도 있고

비 맞아도 꺼지지 않다가

해가 뜨면 문득 사라지니

알겠노라! 썩은 풀과 나무에서 나도

밤에 능히 빛날 수 있음을

－《동국이상국집》 전집 권12, 고율시, 〈반딧불이[螢]〉 2수

　사람들은 고사하고 다른 벌레들마저 다 잠든 한밤중, 이규보는 어쩌다 깨어 있었다. 그러다 문을 열어보니 등불을 켜고 허공을 수놓는

[그림 60] 차윤車胤(330~400)

반딧불이는 미물이다. 하지만 이규보의 눈에 비친 반딧불이는 "썩은 풀과 나무에서 나도" "밤에 능히 빛날 수 있"어 "날아서 창문 안에 들면 서책을 비출 수도 있"는 귀한 곤충이다. 그림은 등잔에 채울 기름 살 돈도 없을 만큼 가난해 여름이면 수십 마리의 반딧불을 주머니에 담아 그 빛으로 밤새 책을 읽어 마침내 이부상서吏部尚書가 되었다는 중국 진晉나라 차윤의 모습. 이 차윤의 이야기에서 '형설지공'이라는 고사성어가 나왔다. 이 그림은 일본 에도시대 화가 가츠시카 호쿠사이葛飾北斎(1760~1849)의 다양한 스케치 모음집 《호쿠사이 만화北斎漫画》(현대 일본에서와 달리 에도시대에는 '만화漫画'가 스케치의 의미로 쓰였다)에 수록되어 있다.

반딧불이가 날아다니고 있다. 썩은 풀더미에서 태어나 때로 부채에 얻어맞아 납작해지고 주머니 속에서 빛을 억지로 내야 하는 가련한 신세, 하지만 그 등불을 비가 와도 꺼뜨리지 않고 높이 날아오르면 하늘의 별똥별이 될지도 모를 위대한 존재! 이규보에게 반딧불이는 그런 존재였다.

이규보의 벌레관觀

이규보는 반딧불이뿐만 아니라 다른 곤충에도 시선을 아끼지 않았다. 《동국이상국집》에서 곤충, 벌레를 읊은 시를 찾는 것은 그리 어렵지 않다. 《동국이상국집》 전집 권3에 실린 〈뭇 벌레를 읊다[群蟲詠]〉 8수 중 '누에'라는 제목의 시를 보자.

> 실 토하여 재주를 교묘히 잘 부리나
> 고치를 짓더니 도리어 삶아지게 된다
> 약은 것 같으나 되레 어리석으니
> 나 홀로 너를 가엾어 하노매라

뽕잎을 먹고 비단실을 토해내는 기특한 벌레이지만, 그 재주 때문에 도리어 죽임을 당하고 마는 시세를 처연하게 그려내고 있다. 어쩌면 누에의 일생을 보면서 무신정권에 의해 숙청당했던 숱한 선배 문인들을 떠올렸을지도 모르겠다. 재미있는 사실은 〈뭇 벌레를 읊다〉는 연작시에 포함된 대상 여덟 가지이다. 개미, 거미, 파리, 누에야 벌레라 칠 만하고, 두꺼비[蟾]와 개구리[蛙], 달팽이[蝸]도 한자로 쓰면 다 벌레 충虫 변이니 옛 어른들의 감각으로 보면 이상한 일은 아니다. 그런데 '쥐'가 당당히(?) 벌레에 포함되어 있는 것이다. "눈은 콩을 쪼개놓은 것 같은데/ 어두운 곳 엿보아 미친 듯 짓밟는다/ 제멋대로 내 담을 뚫어대니/ 도도한 이놈들 모두 큰 도둑이라"라는 내용을 볼 때, 이규보 생각에 쥐라는 건 "버러지 같은 놈!"이었기 때문이었을까.

또 다른 벌레 이야기를 하나 더 살펴보자. 바쁜 꿀벌은 슬퍼할 겨를도 없다던가. 고려시대에도 벌은 꿀을 따느라 바빴을 것이다. 백운거사 이규보도 벌을 보고 무언가 느끼는 바가 있었는지, 나름의 꿀론論, 벌론을 펼친 적이 있다. 술꾼의 벗 숙취를 가라앉히기 위해 꿀물을 많이 잡수셨을 테니 더욱 감회가 깊었으리라.

꽃을 따서 꿀을 만드니
엿과도 비슷하도다
기름과 짝을 이루니
그 쓰임 끝이 없도다
사람들 적당히 거두지 않고
바닥을 드러내야 그만둔다
네가 죽지 않는다면
사람의 욕심이 어찌 그치랴

[그림 61] 〈가지와 방아깨비〉

이규보는 무궁무진한 쓰임새의 꿀을 얻기 위해 벌을 혹사하는 사람들의 탐심을 보고 벌에게 이른다. '네가 죽지 않는다면 사람의 욕심이 그치지 않겠구나.' 그림은 신사임당申師任堂(1504~1551)의 작품으로 전해지는 〈초충도 8곡병草蟲圖八曲屛〉 중 〈가지와 방아깨비〉. 오른쪽 가운데 부분에 벌 두 마리가 보인다.

＊소장처: 국립중앙박물관

　진득진득하고 달콤한 꿀, 인류는 일찍이 그 꿀의 단맛에 매료되었
다. 그래서 사람들은 바위틈에서 석청石淸을 땄고, 벌을 인공적으로
쳐서 꿀을 얻어냈다. 무궁무진한 쓰임새의 꿀을 얻기 위해 벌을 혹사
하는 사람들, 규보 아저씨가 보기에 그들은 참 욕심꾸러기였다. 꽃에
서 꿀을 따 부지런히 집으로 나르는 벌이 다 죽어나가야 저들이 양봉
을 그만두려나? 이규보의 생각은 거기에까지 미쳤다. 요즘 들어 양봉
장의 꿀벌들이 한꺼번에 사라지는 일이 적지 않다고 한다. 꿀벌이 없
는 곳에서 과연 사람이 살아남을 수 있을까? 이규보가 이런 일을 내
다보고 글을 짓지는 않았겠지만 갑자기 궁금해진다.

같은 바다라도
달리 보이네

일체유심조一切唯心造라! 마음먹기에 따라 모든 건 다르게 보인다. 아무리 좋은 경치라 하더라도 축 처져 있으면 성에 차지 않기 마련이다. 우울한 사람에게 주구장창* 밝은 세상을 보라고 말한들 어디 듣겠는가? 우울함이 조금이라도 옅어질 수 있는 계기가 있어야 빛으로 나아갈 것이다.

이규보 선생도 비슷한 경험을 했다. 지금의 인천광역시 계양구, 부평구와 서울 구로구 일대의 지방관인 계양도호부 부사로 좌천되어 내

---

* '주야장천'이 맞는 표기이다. 그러나 이를 썼을 때 글맛이 도통 살지 않아, 부득이하게 사용했다. 독자 여러분의 양해를 구한다.

려간 이규보, 주변이 저 바다였지만 일부러 구경 가지도 않았다. 깨진 달팽이 껍질 같은 낡은 관사를 고쳐 자오당自娛堂이라 하고 머문 이규보에게 계양은 유배지 같았다.*

> 처음 내가 이 고을 수령으로 좌천되어 올 때 망망대해의 푸른 물을 돌아보니, 섬 가운데 들어온 듯하므로 기분이 매우 좋지 않아서 머리를 숙이고 눈을 감고 보려 하지 않았다.
> ─《동국이상국집》 전집 권24, 기記, 〈계양에서 바다를 바라본 기록[桂陽望海志]〉 중에서

2년 후, 다시 개경으로 올라가게 되자 이규보의 눈앞에 펼쳐진 바다는 그저 다 좋아 보였다. 그래서 떠나기 전에 바다를 바라볼 수 있는 곳은 모두 놀러 갔는데, 그중에 만일사萬日寺라는 절의 누대에서 바라보는 경치가 퍽 볼 만했던 모양이다. 스님이 '저긴 자연도紫燕島에 기린도麒麟島요, 저기는 고연도高燕島요, 저기는 개경의 곡령鵠嶺이요……'라고 하며 손으로 일일이 가리켜 보이는 섬이며 산들을 보다 보니 흥이 돋아 술을 마시며 질펀히도 놀았다.

그렇게 바다를 즐기던 이규보, 문득 깨달음을 얻었다. '내가 여기 왔을 때도 저 바다는 바다였는데, 어째서 개경으로 가는 지금 다시 보는 바다는 이다지도 즐겁단 말인가.'

아, 저 물은 전날의 물이요 마음도 전날의 마음인데, 전날에 보기

---

*《동국이상국집》 전집 권24, 기, 〈계양 자오당에 붙인 기문[桂陽自娛堂記]〉.

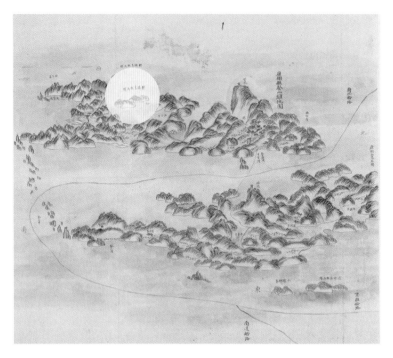

[그림 62] 〈강령현등산진지도康翎縣登山鎭地圖〉(부분)

강령현(지금의 황해남도 강령군)의 순위도巡威島에 설치되었던 등산진登山鎭을 그린 지
도. 위쪽(서쪽)에 기린도가 보인다(지도의 상단이 북쪽이 아닌 서쪽이다). 계양으로 좌천되
었다가 2년 후 개경으로 올라가던 이규보가 만일사 누대에서 바라본, 인천 앞바다에
아스라이 떠오르던 그 기린도이다.

＊소장처: 서울대학교 규장각한국학연구원

싫던 것을 지금 되레 즐거운 구경거리로 삼으니, 그것은 구구한 한 벼슬을 얻은 때문일까? 마음은 나의 마음이거늘 능히 자제하지 못하고 이처럼 때를 따라 바뀌게 하니, 그 사생死生을 동일하게 하고 득실을 동등하게 하길 바랄 수 있으랴? 후일에 경계할 만한 것이기에 적는다.

−《동국이상국집》전집 권24, 기, 〈계양에서 바다를 바라본 기록〉 중에서

바람이여 제발
땅을 쓸지 말고

눈빛이 종이보다 하얗길래

채찍을 들고 이름자를 적었다오

바람이여 제발 땅을 쓸지 말고

주인이 돌아올 때까지 기다려다오

－《동국이상국집》전집 권8, 고율시, 〈눈 속에 친구를 찾아갔으나

만나지 못하다[雪中訪友人不遇]〉

　　어느 눈 오는 날, 이규보 선생은 친구가 보고 싶었다. 나귀 한 마리
에 안장을 얹고 그 위에 올라탄 백운거사, 펑펑 쏟아지는 눈을 뚫고
친구 집에 도착했지만 정작 친구는 집을 비웠다. 허허, 이 친구 돌아

[그림 63] 〈설야방대도雪夜訪戴圖〉

어느 눈 오는 날, 친구가 보고 싶어 갔다가
집에 없어 만나지 못한 이규보는 가만히
눈 위에 자신의 이름 석 자를 적고는 바람
에게 기원한다. 친구가 보기 전에 지워지지
않게 불지 말아달라고. 그림은 이규보 시의
모티브가 된 왕휘지의 고사를 담은 중국
원대元代 화가 장악張渥(?~1356?)의 그림.
* 소장처: 중국 상하이박물관

오면 나 다녀간 것도 모르겠구나! 마침 눈도 소복하게 쌓였겠다, 손에
쥐고 있던 채찍을 들어 이름 석 자를 써놓는다. 그리고 가만히 빈다.
바람아! 이 친구 올 때까지 불지 말아다오.

　사실 이 시의 모티브는 따로 있다. 옛날 중국 동진東晉 시대, 명필
왕희지의 아들 왕휘지王徽之(338~386)라는 사람이 있었다. 겨울이 되
어 눈이 펑펑 쏟아지다가 잠깐 갠 날, 마침 달이 휘영청 떠올랐다. 그
달을 보며 술을 마시다가 문득 왕휘지는 친구 대규戴逵(331?~396)를

떠올렸다. 자신이 사는 산음山陰에서 대규가 사는 섬계剡溪까지는 꽤 먼 길, 왕휘지는 작은 배를 타고 달빛을 받으며 섬계로 향했다. 그러나 대규의 집 앞에 다다르자마자 그는 되돌아왔다. 왜? 왕휘지의 대답은 이러했다. 흥이 일어나서 왔다가 흥이 다해 돌아갈 뿐이니 굳이 이 친구를 만날 게 있겠느냐고.

이규보는 왕휘지의 고사를 익히 알고 있었다. 직접 이 고사를 소재로 시를 짓기도 했으니 말이다.

> 눈 덮인 시냇가를 사람 찾아가는 정의 맛
> 만약 서로 만났으면 한바탕 웃어버렸으리
> 흥이 다하여 배를 돌렸다 이르지 마시구려
> 문 앞까지 갔다가 돌아온 그 뜻이 끝없다네
> ─《동국이상국집》전집 권11, 고율시, 〈임경겸任景謙 군의 침병寢
> 屏에 육영六詠을 쓸 적에 동년 윤 아무개 등 몇 사람과 함께 읊다題
> 任君景謙寢屏六詠 與尹同年等數子同賦〉 중 '왕휘지가 대규를 찾아가다
> [子猷訪戴]'

그런데 왕휘지와 대규의 이야기를 소재로 쓴 시보다 자신이 겪은 일을 두고 지은(또는 자신을 화자로 삼은) 시가 훨씬 함축적이면서 여운이 길게 느껴진다. 이는 나만의 생각일까?

조선의 문인,
이규보의 글을 논하다

자, 그렇다면 이 같은 이규보의 글을 후대 문인들은 어떻게 평가했을까? 그의 처신을 두고 비판한 경우는 많이 확인되지만, 그의 글재주에 딴죽 거는 이는 거의 없었다. 누구든 고려의 문인을 언급하면 꼭 이규보를 이야기하곤 했다.

우리 동방이 비록 바다 밖에 떨어져 있긴 해도 대대로 중화의 문명을 흠모하여 문학에 종사하는 선비들이 앞뒤로 줄을 이었는데, 그 중에서도 고구려에서는 을지문덕乙支文德(?~?), 신라에서는 최치원崔致遠(857~?), 그리고 고려에 들어와서는 시중 김부식과 학사 이규보가 특히 우뚝하였다.

－ 정도전鄭道傳(1342~1398), 〈도은陶隱 이숭인李崇仁(1347~1392) 문집의 서문[京山李子安陶隱文集序]〉 중에서

우리 접역鰈域(조선)에 문헌이 있은 이래로 글을 쓴 사람이 얼마인지 알 수 없을 정도로 많은데, 신라에는 최치원 같은 분이, 고려에는 이규보 같은 분이 가장 대가大家이고, 그 뒤로 목은 이색, 도은 이숭인, 포은圃隱 정몽주鄭夢周(1337~1392) 같은 분들도 걸출하다고 이를 만하다.
－ 차천로車天輅(1556~1615), 〈지봉芝峯 이수광李睟光(1563~1628) 선생 시권詩卷의 뒤에 붙인 발문[跋芝峯先生卷後]〉 중에서

문인상경文人相輕이라는 옛말이 있다. 글 짓는 사람들이 서로를 가볍게 여기고 자신의 문장만 과신한다는 뜻이다. 하지만 이규보의 글만은 예외였다. 조선 숙종 때 문신 호곡壺谷 남용익南龍翼(1628~1692)은 자기 저서에서 이규보의 문학적 위상을 단 한 마디로 정리했다.

문순공(이규보)의 문장은 동국東國(우리나라)의 으뜸이다.
－ 남용익, 《기아箕雅》 중에서

《기아》는 자동차회사 이름이 아니라 신라시대부터 조선 인조仁祖 연간까지의 명인 497명의 시를 가려 뽑은 시선집이다. 남용익이 말한 '문장'은 시와 산문을 포함하는 개념이다. 한국 한문학사에서 남용익은 한시 창작과 비평, 선정에 특히 뛰어난 솜씨를 보인 작가로 평가받는다. 그런 그도 이규보만은 인정한 것이다. 다른 고려시대 문인들은

그저 인적사항을 정리해 실었을 뿐인데, 이규보에 한해서는 굳이 이런 평가를 넣었다. 그만큼 이규보의 글재주는 탁월했다.

그런데 그와는 정반대의 평가를 내린 인물도 있다. 남용익보다 한 세대 아래의 문인 농암農巖 김창협金昌協(1651~1708)이라는 이다. 그는 이규보에게 무슨 원수라도 졌는지 시작부터 아주 세게 나온다. 그의 문집 《농암집農巖集》 권34에 실린 〈잡지雜識〉 외편外篇의 한 대목을 보자.

요사이 호곡 남용익 공께서 엮은 《기아》의 목록을 보니 이규보의 문장을 우리나라에서 으뜸이라고 칭찬하시었는데, 내 생각에 그 논의는 매우 옳지 못하다.

비판을 전제로 하고 논지를 전개하겠다는 굳은 의지가 보인다. 일단 읽어보자.

이규보의 시는 동방에 명성을 떨친 지가 오래되었으니, 선배 제공諸公들도 모두 따라서 미칠 수 없다고 추앙하였다. 이는 그의 재능이 민첩하고, 축적된 식견이 풍부하여 많이 짓고 빨리 짓기를 겨루자면 당대에 따를 자가 없었기 때문이다. 게다가 그는 조어造語 능력이 있어 옛사람들의 언어를 답습하기를 능사로 여기지 않았으니, 또한 시인으로서의 재주가 있었다고 할 수 있다.

어? 아까 단언한 것과는 달리 칭찬을 잔뜩 늘어놓는다. 그래도 우리말은 끝까지 들어봐야 아는 법.

그러나 그는 학식이 비루하고 기상이 용렬하여 시의 격조가 비천하고 잡되며 언어가 자잘하고 의미가 천박하였으니, 고체시古體詩, 율시律詩, 절구絕句 수천 수백 편 가운데 한 자 한 구도 맑고 깨끗하며 고상하고 널찍한 의미를 담은 것이 없었다.

역시, 기대를 저버리지 않는다. 중간을 건너뛰고 김창협 주장의 핵심을 읽어보자.

당시 사람들은 그가 풍부하고 민첩한 글로 문단을 드날린 것을 직접 보았으므로 두려워하여 경복하는 것이 진실로 옳지만, 후세 사람들에 이르기까지 그런 논의를 숭상하는 것은 옳지 아니하다. 그런데 3~4백 년이 흐른 지금까지도 감히 이의를 제기하지 못하고 있으니 참으로 이해할 수 없다. 그러나 이는 시만 갖고 말한 것이고 다른 글에 이르러서는 깊이 논할 가치가 더욱 없으니, 비록 사

[그림 65] 〈이색 초상李穡肖像〉

고려 말기의 석학碩學이자 정치가였던 목은 이색은 시문에도 능했다.

조선 후기 문인 농암 김창협은 이색의 시문을 이규보보다 낫다고 크게 치켜세웠다.

＊소장처: 국립중앙박물관

詞, 부賦, 변려문騈儷文 중에 취할 만한 것이 상당히 있기는 하나, 만약 그것들이 목은 이색 등 여러 사람을 압도하여 우리나라에서 으뜸이 된다고 한다면 수긍할 수 없을 것 같다.

주장의 옳고 그름은 일단 제쳐두자. 과연 김창협의 주장에 경청해야 할 대목이 전혀 없을까. 그렇지 않다. 이규보 이후 긴 시간이 지났음에도 그를 뛰어넘을 만한 문인이 과연 없었겠는가. 그럼에도 수백 년 넘게 다들 이규보를 제일이라 추켜세우니 그 점은 옳지 못하다는 지적이다.

그렇다고 김창협이 고개 끄덕여지는 평만 남긴 것은 아니다. 그 다음 문단을 보면 김창협은 목은 이색과 읍취헌挹翠軒 박은朴誾(1479~1504)을 추앙하면서 이규보의 시가 "좀스럽다[齷齪]"고까지 폄하한다. 이규보의 후예 여주 이씨가 훗날 남인의 핵심 가계가 되었기 때문에 노론인 김창협이 그렇게 깎아내린 것인가 의심이 들 정도이다. 이렇게 한다고 목은과 읍취헌이 흡족해할까.

하지만 이런 식의 극언이 나왔다는 건, 역으로 그만큼 당시 사람들 누구나 고려의 문인 하면 이규보를 첫손에 꼽고 그의 작품을 즐겼다는 의미도 된다. 또 남용익과 김창협의 시대, 곧 17세기 말에 이르러 한국 한문학 비평의 주된 논의가 바뀌고 있었다는 뜻으로도 풀 수 있다. 남용익의 《기아》는 17세기 중엽까지의 문학론을 기반으로 편찬되었다. 하지만 김창협은 전대前代의 비평에 반기를 들고 새로운 관점에서 시문을 보자는 주장을 내세웠다. 그렇기에 전대에 호평을 받았던 이규보 또한 비판의 대상이 될 수밖에 없었던 것이다.

어쨌건 김창협의 평은 이후 문인들에게 큰 영향을 주었다. 이의현李宜顯(1669~1745)이나 이덕무李德懋(1741~1793) 같은 이들은 김창협을 인

[그림 66] 강진 백련사白蓮社

천책은 고려 후기의 승려 진정국사眞靜國師의 법명이다. 천책의 성은 신씨申氏이며 23세에 과거 급제할 정도로 뛰어난 글재주를 지녔으나, 인생무상을 느낀 나머지 강진 만덕산 아래 백련사로 출가해 도를 닦았다. 백련사는 원묘국사圓妙國師 요세了世(1163~1245)가 결성해 참회와 실천행을 강조했던 불교 결사 '백련결사'의 현장으로, 천책은 뒷날 백련사의 제4세 사주社主가 되었다. 백련결사로부터 600여 년 뒤, 정약용이 이 절의 승려 아암兒庵 혜장惠藏(1772~1811)과 교유하며 절의 사적기인 《만덕사지萬德寺誌》를 편찬했다.

용하며 이규보를 낮추어 보았다. 하지만 그럼에도 고려의 문인을 이야기할 때면 사람들은 으레 이규보를 거론했고, 그를 높이 평가했다.

> 만약 역사의 예원전藝苑傳을 짓는 자로 하여금 신라와 고려에서 세 사람만을 고르라고 한다면, 최치원과 천책天頙(1206~?), 이규보가 뽑힐 것이다.
> ─ 정약용丁若鏞(1762~1836), 〈천책국사天頙國師의 시권에 제題하다[題天頙國師詩卷]〉 중에서

새삼스럽지만 이규보는 고려에서 태어나 자란 고려 사람이었다. 그의 글을 읽어보면 지금의 상식과는 다른 일들이 너무나 당연하게 등장한다. 그럴 수밖에 없는 것이, 고려시대에는 그게 상식이었을 테니까 말이다. 그 왜, 〈지금은 맞고 그때는 틀리다〉(2015)라는 영화도 있지 않은가. 그렇다고 지금과 완전히 동떨어진 광경만 출현하지는 않는다. 사람 사는 게 다르면 얼마나 다르겠는가. 지금의 모습과 똑닮은 이야기들 또한 적지 않다.

이규보가 부지불식간 글 속에 녹여낸 조그만 사실들을 하나하나 모아놓고 보면 참 재미있다. 고려라는 나라에서 사람들이 어떻게 살았는지 그림이 그려질 정도이니 말이다. 그의 글을 읽으며 고려에서의 삶을 한 번 추체험해보자.

나, 고려 사람 이규보요

고려에서 산다는 것

나는야 개경에 살리라

백운거사 이규보는 젊은 시절엔 과거에 급제해 지방관이라도 하길 바랐다. 그러다 미관말직을 얻어 몇 차례 승진을 거친 후엔 지방관의 직을 떨치고 개경으로 가고 싶어 한다. 오죽하면 계양도호부 부사 자리를 떠나면서 2년이 100년 같았다고 했을까.

> 태수가 처음 올 때엔
> 어른들이 도로를 메웠고
> 그 사이에 부녀자들도
> 머리 나란히 울타리에서 엿보았소
> 내 모습을 보려는 것이 아니라
> 은혜를 입기를 바람이었으리니

이 고을 와서 만약 혹독하게 했다면

그 눈을 씻고자 하였을게요

생각건대 아무 일도 한 것 없어

떠나려니 품속의 벽돌처럼 온전한 게 두렵소

어찌하여 길을 가로막는가

가는 수레 앞에 누우려는 듯

잘 가리니 멀리 따라오지 말라

내 행차 치닫는 냇물처럼 빠르다오

[그림 67] 〈개성시가開城市街〉

오늘날의 서울 집중과 마찬가지로 고려시대 역시 수도 집중이 사회 전반에 엄청난 영
향을 미치고 있었다. 고려 사람들에게 개경은 지금의 우리가 생각하는 '서울'보다 더
욱더 선망의 대상이었다. 이는 이규보 역시 마찬가지였다. 그림은 강세황의 《송도기행
첩松都紀行帖》에 수록된 〈개성시가〉. 멀리 송악산이 보이고, 그 앞에 송도의 전경이 펼
쳐져 있다. 맨 앞에 보이는 문은 개성 남대문南大門이다.

＊소장처: 국립중앙박물관

그대 고을이 나를 괴롭게 하여

두 해가 백 년 같았다네

－《동국이상국집》 전집 권15, 고율시, 〈고을을 떠나면서 시를 지어

전송객에게 보이다[發州有作 示餞客]〉

이규보의 지방관 시절 글들을 보면 크게 두 가지가 읽힌다. 하나는 이규보가 행정실무에 능한 이른바 능리能吏형 인간은 아니었다는 점이고, 다른 하나는 고려시대의 수도 집중이라는 것이 사회 전반에 엄청나게 큰 영향을 미치고 있었다는 점이다. 〈남행월일기〉 같은 이규보의 다른 글을 보면 수도가 아닌 지방은 "질박하고 미개하여" "오랑캐의 풍속이 있다"고까지 하는 지경이고, 지방관은 유배형을 받은 사람과 같은 반열로 취급받는다. 문학적인 수사라고 해도 퍽 과하게 느껴진다. 저 시를 받은 계양桂陽, 지금의 인천광역시 계양구·부평구와 서울 구로구 일대 사람들은 과연 기분이 어땠을까? 심지어 이보다 수십 년 전 이규보가 전주목 사록 겸 장서기 자리에 있으면서 지은 시 중에는 "고을 아전 나와서 맞이하는데 늙은 원숭이 같고/ 마을 백성 도망치니 놀란 노루 비슷하다"*고까지 극언하는 것도 있다.

하지만 고려 사람들, 특히 관인에게 개경이 갖는 의미를 생각하면 조금은 이해해줄 수 있지 않을까. 고려 관인들은 고향이 지방일지라도, 지방관을 지내다 죽었어도 거의 대부분 개경 인근의 산천에 묻혔다. 예외가 별로 없다. 그리고 고려시대의 형벌 중에 개경에서 자

---

*《동국이상국집》 전집 권9, 고율시, 〈낭산현에서 창고를 조사한 뒤에 짓다[朗山縣監倉後有作]〉.

기 연고지로 쫓아버리는 귀향형歸鄕刑이라는 게 있다. 중간 계층 이상의 누군가가 재물을 훔쳤거나 임명장 위조, 뇌물수수, 인신매매, 변란에 연루되었을 때 신분을 서인庶人으로 낮추어 자기 본관지에 보내거나, 향호鄕戶로 영구히 편입시켜 역役을 지우고 개경에 올라오지 못하게 하는 형벌이었다. 이는 한 사람과 그의 가계가 고려 사회의 상층에서 누리던 기득권 일체를 포기시키는 것이었기 때문에 관료 계층에게는 엄청나게 중한 형벌이었다.

이 정도로 고려 사람들에게 '개경'이란 지금의 우리가 생각하는 '서울'보다 더욱더 선망의 대상이었다.

박연폭포에는
슬픈 전설이 있어

한때 개성을 다녀올 수 있던 시절이 있었다. 언젠가 기회가 있겠거니 싶어 무심코 흘려보낸 것이 참 안타까운데, 다녀온 분들 말을 들어보면 다른 곳보다 박연폭포가 그렇게 좋았다 한다. 허공에서 수직으로 내리꽂히는 폭포수, 너럭바위에 새겨진 황진이黃眞伊(?~?)의 글씨, 아름다운 주변 풍경……. 과연 송도삼절松都三絶이라는 말이 아깝지 않다고 했다. 그러니 〈개성난봉가〉 같은 노래가 박연폭포로 시작하는 것일 게다.

박연폭포 흘러가는 물은 범사정泛槎亭으로 감돌아든다

[에 에헤야 에 에루화 좋고 좋다 어허럼마 디여라 내 사랑아]

박연폭포가 제아무리 깊다 해도

우리나 양인의 정만 못하리라

삼십장三十丈 단애斷崖에서 비류飛流가 직하直下하니

박연朴淵이 되어서 범사정을 감도네

……

박연폭포의 명성은 황진이 시대보다 훨씬 전, 개경이 수도이던 시절에도 더하면 더했지 덜하진 않았다. 이규보 또한 박연폭포를 찾아 시를 남겼다. 그나저나 박연이 왜 박연이냐? 조선 세종 때의 악성樂聖 박연朴堧(1378~1458)이나 인조 때 온 네덜란드인 박연朴淵(1595~1668 이후)과는 전혀 상관없는 박연폭포의 내력을 이규보는 이렇게 증언하고 있다.

피리 소리에 반한 용녀龍女 선생께 시집갔으니

오랜 세월 같이 즐거워하며 마음을 맞췄겠지

그래도 임공臨邛 땅에 살던 새 과부 탁문군이가

거문고 소리 듣고 제 몸 잃은 것보단 나으리

―《동국이상국집》 전집 권14, 고율시, 〈박연폭포에 제하다[題朴淵]〉

이 시는 시 제목 뒤에 붙은 주석을 같이 읽어야 해석이 잘 된다.

옛날 박朴 진사進士라는 사람이 못가에서 피리를 부니, 용녀가 그 피리 소리에 반하여 제 남편을 죽이고 박 진사에게 시집갔으므로, 이 못을 박연이라 이름 지었다고 한다.

박 진사가 피리를 얼마나 잘 불었으면 짐승인 용마저 감동하여 부인되기를 자처했을까. 이규보는 박 진사의 이야기를 사마상여와 탁문군의 고사에 빗댔다. 그런데 아무리 반했기로서니 "남편을 죽이고" 재혼한다는 것이 도덕적으로 용납되는 일이었을까. 게다가 이규보가 이를 딱히 비판하지 않고, 오히려 탁문군보다 용녀가 낫다고 한 것은 어째서일까.

사료를 읽어보면 고려시대 사람들은 우리 생각보다 '돌싱'에게 훨씬 너그러웠던 것 같다. 남성들의 경우 재혼한 부인의 아버지, 곧 새

[그림 68] 〈박연도朴淵圖〉
강세황의 《송도기행첩》에 수록된 그림. 거대한 바위 사이에서 시원스럽게 쏟아져 내려오는 물줄기가 인상적이다. 이규보가 송도삼절 중 하나인 박연폭포를 그냥 지나쳤을 리 없을 터, 박연폭포의 유래를 밝히는 시를 남겼다.
*소장처: 국립중앙박물관

장인어른의 관직이 첫 장인의 관직보다 높을 때가 많고, 여성의 경우 재혼으로 왕비가 된 사례도 있다.

> 숙창원비淑昌院妃 김씨金氏(?~?)는 위위윤尉衛尹으로 은퇴한 김양감
> 金良鑑(?~?)의 딸로 미모가 뛰어났다. 진사 최문崔文(?~?)에게 시집갔
> 으나 일찍 과부가 되었다. 제국대장공주齊國大長公主(1259~1297)가
> 죽자 그때 세자였던 충선왕忠宣王이, 궁첩 무비無比(?~1297)가 왕의
> 사랑을 독차지하는 것을 미워하여 그녀를 죽이고, 충렬왕의 마음을
> 어루만지기 위해 김씨를 들여 주고 뒤에 숙창원비로 봉하였다.
> ―《고려사》권89, 열전2, 후비后妃2, 충렬왕 후비 숙창원비 김씨 중
> 에서

이런 분위기였다면 용녀가 사람에 반해 재혼한다는 전설이 만들어져도 그리 이상하지는 않았을 법하다. "남편을 죽이고" 재혼했다는 건 …… 저녁 드라마 보는 느낌이지만 말이다. 드라마 얘기가 나왔으니, 드라마 〈부부의 세계〉(2020) 대사를 빌려 용녀의 심정을 이야기해 보겠다.

"사랑에 빠진 게 죄는 아니잖아!"

겨울에는 술을 끊어서

《동국이상국집》을 보다 보면 이만큼 고려 풍속을 잘 나타내는 자료도
드물다는 생각이 든다. 전집 권12에 있는 이 시도 그러하다. 제목은 〈겨
울에 손님과 차가운 술 마시면서 장난삼아 짓다[冬日與客飮冷酒 戲作]〉.

눈 가득 내린 개경에 숯값이 치솟았으니
언 손으로 찬 병에 든 향긋한 술 따라주겠소
창자에 들어가면 절로 뜨끈해짐 그대는 아는가
청컨대 불그레한 기운이 뺨에 오르길 기다리소

이규보의 집에 모처럼 손님이 오셨다. 주안상을 내오는데, 병목을
쥐니 벌써부터 차갑기 그지없다. 요즘은 너 나 할 것 없이 사계절 가

리지 않고 냉장고에 넣어둔 찬술을 마시지만, 아마 고려 사람들은 겨울이 되면 숯불을 피워 술을 데워 마시곤 했던 모양이다. 일본 사케나 중국 소흥주紹興酒는 지금도 그렇게 데워서 마시지 않는가. 그렇지만 가난뱅이 시인에게 숯값은 버거웠고, 결국에는 모처럼 손님이 왔어도 찬바람에 꽁꽁 얼다시피 한 술을 따라 마실 수밖에 없었던 거다.

차가운 술이라도 뱃속에 들어가면 뜨끈뜨끈해질 거라고 호기를 부리지만, 내심은 참 쑥스러웠으리라. 오호 통재라, 가엾은 백운거사여.

[그림 69] 〈설중방우도雪中訪友圖〉

가난뱅이 시인이었던 이규보는 어느 겨울 날 찾아온 벗에게 꽁꽁 얼다시피 한 차가운 술을 내주며 너스레를 떤다. '창자에 들어가면 절로 뜨거워질 테니 불그레한 기운 뺨에 오를 때까지 기다리면 될 것이네.' 이 그림은 조선 후기 화가 고송古松 이인문李寅文 (1745~1824 이후)의 《고송유수첩古松流水帖》에 수록된 〈설중방우도〉. 추운 겨울 자신을 찾은 벗과 차를 마시며(이규보는 술이었지만) 담소를 나누는 장면을 담고 있다.
*소장처: 국립중앙박물관

술꾼의 길동무,
조롱박 술병 예찬

배 나온 꺽다리 아저씨 백운거사는 "기울이고는 다시 채우니/ 어느
땐들 취하지 않으랴 …… 춤도 추고 노래도 부르니/ 다 네가 시킨 것
이로다"*라는 글을 남긴 적이 있다. 이를 보면 춤추고 노래 부르는 것
이 그의 술버릇이었던가 보다. 다행스럽게도 옷은 안 벗은 모양이지
만 그러면서도 술을 마셨으니, 어디 멀리 가면서도 술을 들고 가지 않
는다면 말이 되겠는가.

〈질항아리의 노래〉에서처럼 이규보는 도기 술병을 퍽 아꼈다. 그
러나 먼 여정에 들고 다닌 것은 가벼운 박으로 만들어 옻칠을 입힌 술

---

* 《동국이상국집》 후집 권11, 찬, 〈술병명[酒壺銘]〉.

병이었다. 중국 무협영화 같은 데에 흔히 나오곤 하는, 허리 잘록한 조롱박으로 만든 그런 술병이었겠지 싶은데……. 이 글에 쓴 정도면 거의 '반려 술병'이라고 해도 좋지 않으려나. 하지만 이는 이규보뿐만 아니라 고려시대, 어쩌면 최근까지도 이어지고 있는 모습이다. 그 왜, 텀블러에 커피 넣어서 가지고 다니는 분들 많이 계시지 않는가.

박으로 병을 만들어
술 담는 데 쓰노매라
목은 길고 배는 불룩
막히지도 않고 기울지도 않는다
내가 그래서 보배롭게 여겨
옻칠을 발라 빛나게 했다
술 항아리에 술동이
독이며 항아리는
가까운 데 있으면야
내 마음대로 쓰건마는
멀리 가게 된다면
쓰러지고 절뚝여 따를 수 없네
어여쁘다 이 병은
내 곁을 떠나지 않는다
남쪽으로 만 리 길을 떠날 때
길도 험하고 높았다
앞에는 시원한 샘물 없고
뒤에는 맑은 연못 없다

오직 너에게 담은 것으로

나의 목을 축였단다

수레 뒤에 실으려니

어찌 술 담는 가죽부대 필요하리

너의 공을 갚으려면

어찌해야 좋으려나 알지 못하겠다

호공壺公이라 책봉하나니

주관酒官이 네 직장이라

－《동국이상국집》 전집 권19, 명,

〈칠호명漆壺銘〉

[그림 70] 〈시창청공詩窓淸供〉
근현대 한국화단의 중진 금추錦秋 이남호李
南浩(1908~2001)의 그림. 옛 책과 거울, 괴석
같은 기물을 서로 어우러지게 그린 이러한
그림을 기명절지도器皿折枝圖라 한다. 화폭
아래쪽에 끈이 묶인 조롱박이 보인다. 이규
보가 예찬해 마지않던 그 조롱박 술병을 떠
올리게 한다. 개인 소장.

텅 빈 항아리

이규보가 계양에서 지은 시 중에는 이런 것도 있다. 개경에 있을 때는 항아리에 술을 담아놓고 연일 마시다가, 지방관으로 내려와보니 박봉이라 술 담그기도 어렵고 술 파는 집도 찾기 어려워서 한숨 쉬는 모습이 그려진다.

> 내 본래 술 즐기는 사람
> 입에서 잔 뗀 적 없었네
> 비록 함께 마실 손 없더라도
> 홀로 따라 마심 사양치 않네
> 항아리 속 익은 술 없으니

말라붙은 입술 무엇으로 적시리

지난 서울 시절 생각하자니

녹봉일랑 쓰고도 남았다네

이만한 항아리에 술 빚어 놓고

잔 들기 그칠 때 없었지

가양주가 더러 이어대지 못하면

받아온 술도 좋아서 족히 기뻤다네

슬프도다 계양의 태수여

녹봉이 적어 술 빚기 어렵구나

쓸쓸하니 몇 집 안 되는 시골

어느 곳에 술집 깃발 있을런가

또한 일 좋아하는 사람 없어

술 싣고 따라오지도 않는다

……

─《동국이상국집》전집 권15, 고율시, 〈술이 없어서[無酒]〉 중에서

백운거사 정도면 자기 입맛에 맞는 술을 담가 먹지 않았을 리 없다. 또 개경 정도 되는 도시에 술집이 좀 많았을 것인가. 그러니 이규보 아저씨는 때때로 술집 순례를 하거나 술집에서 받아온 술을 마실 수 있었을 것이다. 하지만 계양 고을이 가난해서인지 이규보는 빈 술 항아리만 바라볼 뿐이었다. 시적 과장이 없지는 않겠지만.

그런데 백운거사가 술을 담아 먹은 "이만한 항아리"란 대체 어느 정도의 크기였을까? 마도 1호선에서 나온 고려시대 항아리들의 용량을 보면 대체로 평균 16.8리터, 13.6리터, 3.9리터 이 세 가지로 묶

[그림 71] 〈주사거배酒肆擧盃〉

조선 후기 선술집의 모습을 그린 신윤복의 그림(현재 간송미술문화재단 소장)을 1933년
무렵 촬영한 유리건판. 국자로 술을 뜨고 있는 여인 옆에 술 항아리가 보인다. 지방관
으로 내려가 일하던 시절 이규보는 텅 빈 술 항아리를 보고 '말라붙은 입술 무엇으로
적셔야 하나'라 걱정하며 한숨 쉬곤 했다.

*소장처: 국립중앙박물관(유리건판)

[그림 72] 도기 항아리

마도 앞바다에 가라앉은 고려시대 배에서 나온 항아리.
굽다가 살짝 한쪽이 내려앉아 찌그러졌고, 흙 속의 공기가
팽창하여 울룩불룩 튀어나온 흔적이 역력하다.

＊소장처: 국립해양유산연구소

을 수 있다고 한다. 고려시대 1말[斗]은 3.4리터였다고 하니 각각 다섯
말, 네 말, 한 말+α 정도가 되는 셈이다. 이는 도기소陶器所에서 항아
리 크기를 도량형에 맞게 관리하지 않으면 나오기 힘든 일이다. 더러
20~34.6리터짜리, 심지어는 57리터짜리 항아리도 있었다는데, 이규
보 정도 되는 주량의 소유자가 술 담아 먹을 용도라면 제일 큰 57리터
정도가 적당했을는지?

　이건 여담인데, 크게 찌그러진 항아리임에도 그 안에 젓갈 같은 음식
물을 담아 배에 실은 사례가 확인된다. 가마에서 나온 항아리가 우그러
졌으면 장인이 "이건 아니야!" 하고 깨어버릴 것 같은데, 고려 사람들은
그러질 않았던 것이다. 생김새가 어떠하건 쓸 수만 있으면 그들은 꺼리
지 않고 썼다.

온천에 간
이규보 선생

이규보가 경주 민란을 진압하는 데 끼어 종군하던 당시에도 부산 동래온천이 퍽 유명했던가 보다. 하기야 《삼국유사三國遺事》에도 나올 정도이니 말이다.

신라 진골眞骨 제31대 왕 신문왕神文王 때인 영순永淳 2년 계미 (683)에 재상 충원공忠元公이 장산국萇山國 곧 동래현東萊縣이니 또는 내산 국萊山國이라고도 한다 온천에서 목욕하고 성으로 돌아올 때 굴정역屈 井驛 동지야桐旨野에 이르러 쉬었는데, 홀연히 한 사람이 매를 놓아 꿩을 쫓게 하니 꿩이 날아서 금악金岳을 넘어가는데 간 곳이 묘연하였다.

　　난을 진압하고 얼추 뒷정리가 된 시점이었는지, 이규보는 같이 종
군한 박인석朴仁碩(1144~1212)과 짬을 내서 동래에 다녀올 궁리를 한
다. 서긍徐兢(1091~1153)의 《선화봉사고려도경》을 보면 권23 잡속조
雜俗條에 이런 대목이 나온다. "그들은 항상 중국인이 때가 많은 것[垢
膩]을 비웃는다. 그래서 아침에 일어나면 먼저 목욕을 한 후 집을 나서
며, 여름에는 하루에 두 번씩 목욕을 한다." 여기서 보듯, 고려 사람
들은 목욕을 즐겼다. 그런 고려 사람답게 말 타고 온천 여행을 떠나며
흥이 돋은 규보 아저씨 입에서 흥얼흥얼, 시 두 수가 절로 나왔다.

　　처음엔 쓸쓸하니 찬 샘물 솟나 싶더만
　　도리어 자욱하니 저녁 연기 나는 듯이
　　산속에 들어앉아 섣달 보내는 고승은
　　나물 삶고 차 달일 제 불 필요 없으리

　　물 솟는 곳에 유황 있다는 말 믿지 않고
　　되레 양곡暘谷서 아침 해가 목욕하던가 싶었지
　　다행히 외진 곳이라 양귀비가 오지 않았으니
　　지나는 길손 잠깐 씻어본들 뭐 어떠리

　　온천溫泉 밑에 욕탕지＊가 있으므로 목욕은 반드시 여기서 하게 된다.

＊ 목욕할 수 있게 만든 둠벙.

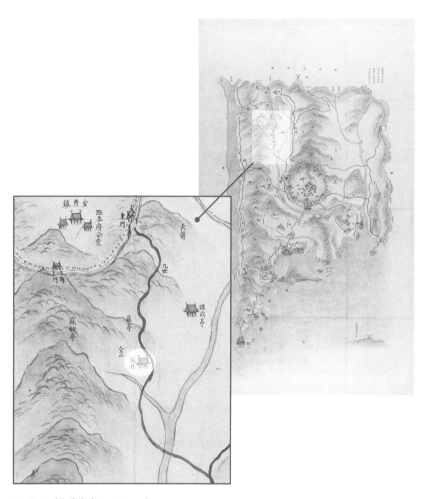

[그림 73] 〈동래부지도東萊府地圖〉

목욕을 즐긴 고려 사람답게 이규보 또한 동래로 온천 여행을 떠나며 시를 읊는다. '처음엔 찬물만 솟나 싶더니 이내 산속에 들어앉은 고승이 차 달일 때 불이 필요 없을 정도로 뜨끈한 물이 나오더라.' 그림은 《1872년 지방지도》에 수록된 동래부(지금의 부산광역시 일대) 지도. 왼쪽 금산金山 바로 아래에 온정溫井이 보인다.

*소장처: 서울대학교 규장각한국학연구원

－《동국이상국집》전집 권12, 고율시, 〈박인석 공과 동래東萊 욕탕
지浴湯池로 떠나려 하면서 입으로 부르다(同朴公將向東萊浴湯也口占)〉
2수

그 시절엔 동래온천이 유황온천이라는 얘기가 돈 모양인데, 이규
보는 이를 믿지 않았다. 대신 해가 뜨는 전설상의 지명 양곡暘谷에서
해가 몸을 씻었기에 물이 뜨끈뜨끈하지 않은가 하는 썰을 내세웠다.
과학이 발달한 요즘 동래온천의 수질이 "염소 성분과 마그네슘이 풍
부한 알칼리성 식염천食鹽泉"으로 밝혀졌으니, 백운거사가 추론 과정
은 틀렸어도 답은 얼추 맞힌 셈이다.

동래온천에서 목욕을 하면 "만성 류머티즘, 관절염, 신경통, 말초
혈액 순환 장애, 요통, 근육통, 외상 후유증, 피부병, 고혈압, 빈혈, 소
화기 질환 등 각종 성인병에 효과가 있다"는데, 전쟁터 다니며 글 지
으랴 뭐 하랴 스트레스 심하게 받았을 병마녹사 겸 수제원 이규보 선
생은 과연 효험을 좀 보았을는지.

불효자는 웁니다

옛날 아버지께서 남쪽에 계시고 제가 서울에서 공부할 적엔 300리 길이 비록 멀다 해도 가기만 하면 뵐 수 있었는데, 지금 계시는 북녘 산기슭은 도성과의 거리가 몇 걸음 되지 않아, 잠깐 사이에 갈 수는 있어도 간들 누구를 뵈오리까. 저의 일생이 끝나도록 다시 뵈올 길이 없습니다. 말은 입에서 나오려 하나 목이 메어 사뢰기 어렵고, 다만 이 엷은 술잔으로 저의 속정을 표하오니 아, 슬프기만 합니다.

― 《동국이상국집》 전집 권37, 〈아버지를 제사 지내는 글―남을 대신해 짓다[祭父文 代人行]〉

이규보가 남을 대신해서 그 아버지의 제문을 지은 것인데, 워낙 단편으로만 남아 있어 아버지며 아들의 신상은 알 길이 없다. 물론 슬프

[그림 74] 〈시묘도侍墓圖〉

이규보가 남을 대신해서 그의 아버지를 위해 지은 제문에는 아버지를 잃은 슬픔이 절절하게 담겨 있다. 옛날에는 멀리 계서도 가기만 하면 뵐 수 있었는데, 지금은 가까이 계시지만 일생이 끝나도록 다시 뵈올 길이 없으니 아아, 이 어찌 풍수지탄風樹之嘆이 아니랴. 그림은 누런 삼베옷을 입고 부모의 묘를 지키는 상주의 모습을 담은 작자 미상의 풍속화.
*소장처: 국립중앙박물관

다. 제문이라는 것이 다 그렇지 않은가. 그런데 글을 가만히 보다 보니, 불경스러울지 몰라도 이런 생각이 든다.

'음, 고려시대에도 기러기 아빠가 있었군.'

아마 향리 댁이셨거나 지방관 자제였던 듯싶은데, 지금의 노량진이나 신림동에 전국의 수험생들이 몰려들었던 것처럼 지방에서도 개경에 올라와 과거 공부를 하곤 했던가 보다. 아들은 개경에서 어느 순간 출세했지만, 효도를 받을 아버지는 땅속에 누워 계시니 찾아가 후회한들 어쩌랴! 죽어서라도 개경 땅에 모신 것이 그나마 그에게는 다행이라 할지.

냉장고가 없던 시절

냉장고 없던 시절, 과일 먹기는 쉽지 않았다. 특히나 귤은 더 먹기 어려웠다. 남쪽 따뜻한 곳에서만 자라는 데다 걸핏하면 썩어버리니, 임금이나 어지간한 고관이 아니고서야 싱싱한 귤을 맛본다는 건 불가능에 가까웠다. 조선시대에는 황감제黃柑製라 해서 제주에서 귤이 올라오는 걸 기념하는 빅 이벤트로 과거시험을 치르기도 했다. 하물며 고려시대에는 어떠했겠는가? 우리의 백운거사도 가끔 배[梨]나 홍시, 능금, 복숭아는 얻어 드셨지만 귤은 쉽게 맛보지 못했다. 제주에 내려가 있던 후배가 귤 한 상자를 보내자 기쁨에 겨워 지은 시를 보자.

은근한 정 머금은 청귤靑橘이 바다를 건너왔으니

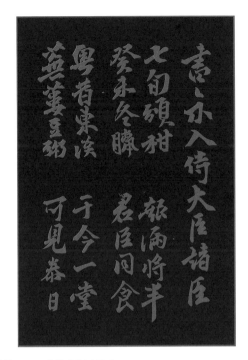

[그림 75] 《어제갱화첩御製賡和帖》의 영조英祖 어제어필御製御筆

1763년(영조 39) 12월 10일, 영조는 제주에서 귤이 올라온 것을 기념해 성균관 유생을 대상으로 한 황감제를 치렀다. 그때 경희궁慶熙宮 경현당景賢堂에서 시관들이 유생들의 답안지를 채점했는데, 밤늦게까지 채점이 이어지자 영조가 시관들에게 식사를 하사했다. 영조가 즐겨 먹던 흰죽과 뭇국, 거기에 꿩구이 반찬이었다. 그리고 영조는 그날 자신의 감흥을 시로 이렇게 읊었다.

일흔 나이에 감귤을 내리니
계미년 겨울 섣달이라네
물시계 깊은 밤 알리자
임금과 신하 밥을 같이 먹네
옛날 동한東漢 광무제光武帝는
무루蕪蔞에서 콩죽을 먹었다지
오늘 여기 한 집에 있으니
볼 만하다 태평한 나날이여

*소장처: 서울역사박물관

먹는 게 중요해서가 아니라 멀리서 온 게 기특하네

썩은 것이 많았기 때문이다.

이월에 제 고향 떠나 이제야 도착했는데도

사랑스럽구나 그윽한 향기 아직도 감도네

아직 상하지 않은 것이 있었다.

　　－《동국이상국집》 후집 권3, 고율시, 〈제주 원님 최안崔安이 청귤

[그림 76] 〈귤도橘圖〉

《보한집》을 엮은 최자는 제주 원님으로 있던 시절 선배 이규보를 위해 청귤을 보낸다. 이에 이규보는 껍질을 까서 입안에 넣어보고 시 한 수 읊는다. '이월에 제 고향 떠나 이제야 도착했는데도 그윽한 향기가 아직도 감돌다니, 그저 사랑스러울 뿐이로다.' 그림은 일제강점기에 활동한 서화가 무호無號 이한복李漢福(1897~1944)이 그린 〈귤도〉.
*소장처: 국립전주박물관

을 보내면서 겸하여 전에 보낸 시운詩韻으로 안부를 물은 시에 차운하다[次韻濟州守 崔安 以前所寄詩韻問訊 兼貺靑橘]〉3수 중 마지막

　요즘은 덜 익은 풋귤을 '청귤'이라고 해서 많이 먹는 모양이지만, 여기 보이는 '청귤'은 감귤의 여러 종류 중 하나이다. 꽃이 핀 이듬해 2월까지 껍질이 푸르며, 3~4월쯤 되어야 황색으로 익는다고 한다. 하여간 선배를 위해 제주의 사또께서 특별히 청귤을 보냈는데, 배를 타고 개경까지 오면서 푸른곰팡이가 피었든지 물러버렸든지 한 것 같다. 지금도 귤을 택배로 받아보면 가끔 겪는 일이다.

　썩은 귤을 보고 실망이 이만저만 아니었겠지만, 그래도 상자 속에서 썩지 않은 것을 골라보니 제법 숫자가 되었다. 껍질을 까서 입안에 알맹이 하나를 넣어보니 암향暗香이 그윽하다. 이규보는 눈을 감는다. 그리고 중서문하성의 6품 우정언이 되어 곧 개경으로 올 후배를 떠올렸으리라. 이렇게 선배에게 제주에서 귤을 보낸 후배 최안은 뒷날 이름을 최자崔滋로 고쳤다. 맞다. 앞서 만났던, 《보한집》을 엮은 그 최자다.

이처럼 깔끔한 제사라니

《동국이상국집》 권40에는 석도소제축釋道疏祭祝이라 해서, 부처님이나 도가의 일월성신日月星辰 같은 존재에게 제사 드릴 때 쓴 제문, 축문 등이 여럿 실려 있다. 생각보다 고려 사람들은 도가에 많이 경도되어 있었던 듯싶으면서도, 그런 글들에 유가 경전, 불경을 다채롭게 인용하고 있다. 이걸 보면 고려 사회가 지금보다 퍽 트여 있는 것처럼 보인다(예를 들어, 목사님이 설교하시는 데 《반야심경》을 언급한다고 생각해보자).

그중 〈의주宜州 입석立石의 제사 축문[宜州立石祭祝]〉이라는 글이 눈길을 끈다. 《고려사》 지리지에 따르면 의주는 고구려의 '천정군泉井郡'이었다니 지금의 함경남도 문천, 원산 일대 어디께인 모양이다. 입석은 글자 그대로 '선돌'을 말한다. 중학교 역사 시간에 고인돌과 함께

[그림 77] 선돌

마을의 액막이 구실을 하기 위해 마을
바깥쪽에 세워둔 입석. 일제강점기 인류
학자 석남石南 송석하宋錫夏(1904~1948)
의 현지조사 사진.

[그림 78] 〈원산지도元山地圖〉

19세기 말에 작성된 것으로 보이는 작자 미상의 채색 그림지도. 일제에 의해 군
항으로 탈바꿈하기 이전 원산의 경관을 보여준다. 저기 어딘가에 이규보가 축
문을 쓴 선돌도 있지 않았을까.

＊소장처: 국립민속박물관/서울대학교 규장각한국학연구원

선사시대 사람들이 세운 '거석 기념물'이라고 배운 기억이 있는 바로 그것이다. 청동기시대에 주로 세우곤 했던 그 선돌에 고려시대에도 제사를 지냈던 것이다. 제문의 내용을 읽어보자.

> 신神이 의지할 곳은 이 우뚝한 돌이 서 있는 곳이며,
> 신信으로 받드는 제수는 저 길에 괸 빗물을 떠와서 장만하나이다.
> 바라건대 순수한 정성에 흠향하사 더욱 음덕의 도움을 주소서.

농담이 아니라 정말 이게 다. 세상에 이처럼 깔끔한 제사가 또 있나 싶다. 주목되는 것은 길에 괸 빗물을 떠서 신이 의지하는 '우뚝한 돌'에 제사 지낸다는 내용이다. 물론 지금까지도 선돌은 종종 아들 낳기를 비는 기자석祈子石으로, 또는 마을 공동체를 지켜주는 대상으로 존중되곤 한다. 제문에 따르면 고려시대에도 우뚝하니 큼지막한 선돌이 고을 단위에서 공공 제례를 지내는 대상이었던 모양이다. 그런데 그 제수가 고작 빗물 한 그릇이라! 선돌에 깃든 신은 퍽 검소한 분이셨던가 보다.

이규보,
고인돌을 보다

고려 사람들이 우뚝 선 선돌에 제사를 지냈다면, 선사시대 사람들의 무덤인 고인돌은 어떻게 생각했을까? 지금도 세계에서 가장 많은 수의 고인돌이 한반도에 분포한다고 한다. 전쟁이나 개발 등으로 인해 파괴되지 않았다면 더욱더 빽빽하게 들어차 있었으리라. 그런 고인돌을 두고 훗날의 사람들이 이야기를 만들어내지 않았을 리가 없다. 백운거사도 이야기가 얽힌 고인돌을 본 적이 있다. 전주목 사록 겸 장서기라는 작은 벼슬을 지내며 전라도 일대의 고을들을 돌아다닐 때의 일이다.

다음 날 금마군金馬郡으로 향하려 할 때 이른바 '지석支石'이라는

[그림 79] 고인돌

고려시대 사람들은 고인돌을 "성인이 고여 놓은 것"이라고 생각했다. 이규보 역시 "기이한 자취로서 이상한 점이 있었다" 말하며 이에 동조한다. 이 사진은 1915년 도리이 류조가 촬영한 익산 황등면 고인돌 유리건판. 저 뚜껑돌에 걸터앉은 아이는 지금 어느 무덤에 누워 쉬고 있을까.

＊소장처: 국립중앙박물관(유리건판)

것을 구경하였다. 지석이라는 것은 세속에서 전하기를 "옛날 성인
聖人이 고여 놓은 것"이라고 하는데, 과연 기이한 자취로서 이상한
점이 있었다.

－《동국이상국집》 전집 권23, 기, 〈남행월일기〉 중에서

금마군은 지금의 전라북도 익산이다. 백제의 탑이 우뚝 솟은 미륵
사에 들렀는지는 분명치 않지만, 대신 익산 가는 길에 있던 어떤 고인
돌은 보고 갔다. 당시 백성들은 고인돌을 "성인이 고여 놓은 것"이라
고 생각했다. 그 성인이 부처님인지, 산신인지, 혹 단군을 의미하는지
는 모르겠지만, 하여간 이규보도 이에 동조하는 모습을 보인다. 조그
만 돌 위에 큰 돌이 올라가 있는 '기이한 자취[奇跡]'였으니까. 지금 익
산 어디쯤에 800년 전 이규보를 기억하는 고인돌이 남아 있을지 모르
겠다. 일제강점기인 1915년 도리이 류조鳥居龍藏(1870~1953)라는 일본
학자가 익산 황등면에서 고인돌을 촬영한 적이 있는데, 이젠 사라진
지 오래라고 한다.

도굴당하고
복구하고

요조窈窕하신(얌전하고 정숙하신) 현비賢妃의 옥체를 매장한 지 겨우 100년이 지났는데, 구멍을 뚫는 조그만 도적[穿窬小盜]이 금품을 훔쳐냄이 구천九泉에까지 미쳤나이다. 이에 위태롭고 두려운 생각이 겹쳐 완전히 수리해 복구하기를 도모하고, 먼저 정성의 제물을 베푸오니 밝게 들으시기를 우러러 아뢰옵니다.

－《동국이상국집》 전집 권40, 석도소제축, 〈간릉簡陵의 수리에 앞서 태묘太廟와 경령전景靈殿에 고유告由하는 축문[簡陵修理次大廟景靈殿告事由祝]〉 중에서

간릉이라는 능을 수리하기 위해 고려 왕실의 신주를 모신 태묘太廟

[그림 80] 전傳 충혜왕忠惠王 영릉榮陵 도굴광

개성 진봉면 봉동리에 있던, 고려 충혜왕의 능으로 전하는 무덤을 도굴한 흔적이 찍힌 유리건판. 현비賢妃를 모신 간릉도 이처럼 도적이 조그만 구멍을 뚫고서 비집고 들어갔을 것이다.

＊소장처: 국립중앙박물관(유리건판)

와 영정影幀을 모신 경령전景靈殿에 알리는 글이다. 《고려사》 같은 자료를 뒤져봐도 간릉의 주인을 알 길이 없는데, 여기서 그 주인을 '현비'라고 한 걸 보면 문종文宗의 비인 인경현비仁敬賢妃 이씨(?~?)나 인절현비仁節賢妃 이씨(?~1082)가 아닐까 싶다. '천유穿窬'라는 표현을 보니 도굴꾼이 굴을 파서 무덤방에 들어갔었나 보다. 도굴로 인해 무덤이 좀 무너지자 수리를 위해 고유문을 쓴 것인데, 《동국이상국집》을 보면 이와 비슷한 글이 4~5건이나 나온다.

재미있는 것은 그냥 봉분의 흙이 무너져 수리하려 할 때는 송악산과 여러 신사神祠에 고유, 곧 신에게 일의 전말을 아뢰고, 도굴당한 게 확실할 때는 태묘와 경령전에 고유한다는 사실이다. 하기야 흙이 무너진 것은 토지와 기후 문제이니 산신에게 아뢰어야 하고, 도굴은 영혼이 잠들어 계신 방에 잡인이 들어오는 것이니 사죄해야 하는 게 맞겠다.

일제강점기의 고적 조사보고를 보면 조선 사람들은 일본인이 협박하지 않으면 결코 무덤을 파려 들지 않았다고 한다. 심지어 무덤 밖에 유물이 삐져나와 있어도 절대 가져가지 않았다나. 이를 두고 일본 사학자 이마니시 류今西龍(1875~1932)는 이런 말을 남겼다.

군집群集된 고분이 도굴의 피해를 입고 파괴되어 황폐해진 참상은 차마 보기 힘들 정도이다. 실로 잔인혹박殘忍酷薄의 극치이다. 정치교육적으로 보더라도 대단히 무서운 일이다. 일이 이 지경에 이르게 된 이유에 대해서 지금 여기서 말하지 않겠지만, 현대인의 죄악과 땅에 떨어진 도의를 보려거든 이 고분 군집지를 보면 될 것이다.
……

이곳*의 규집된 고분 중에는 또한 묘광墓壙을 그 상태로 노출시킨 것이 있다. 고분의 봉토가 유실되어 그렇게 묘광을 노출시키고 있음에도 민중은 거기에 접근하지도, 침범하지도 않고 순박하다. 죽은 사람에 대한 예禮를 잃지 않은 시대인데, 도굴과 파괴, 능욕을 옛사람의 무덤에 멈추지 않고 더하는 현대에 비하면 송연悚然한 바가 있다. 옛 조선의 도덕을 보려거든 이 (선산) 옥성면의 여러 고분을 가서 보면 될 것이다.

−《대정육년도고적조사보고大正六年度古蹟調査報告》 중에서

하지만 앞에서 보듯이 심지어 고려 때도 성행했다고까지는 못하겠으나 왕릉을 도굴할 정도였는데, 조선시대에는 과연 없었을까. 아닌 게 아니라 무덤에 누운 채 삭아가던 시신을 훔쳐내고 그 자손에게 협박장을 보내 돈을 뜯으려던 일당이 잡혔다거나, 집을 짓다가 발견한 옛날 무덤에서 거울이나 동전을 얻었다거나, 자기 선산에 누군가가 몰래 만든 무덤을 파헤쳤다가 소송당했다는 이야기가 조선시대 고문서나 문집, 일제강점기 신문에서 심심치 않게 확인된다. 하지만 그런 경우 말고, 옛 무덤을 일부러 뒤져 보물을 찾아 팔자를 고치려는 사람은 정말 없었던 것인지 매우 궁금해진다.

* 현재의 경상북도 구미시 선산읍 일대.

열을 구워
하나를 얻으니

우리는 사실 청자를 '청자'라 하는 데 익숙해져 있다. 청자가 청자니까 청자라 한 것이지 뭐가 이상하냐고 할지 모르지만, 이규보는 '녹자綠瓷'라는 단어를 쓰고 있다. 기실 청자의 때깔은 매우 다양해서, 비색翡色이라 할 만한 비취빛뿐만 아니라 연한 녹색, 쑥색도 드물지 않다. 고려시대 청자 중에는 유약에 따라 올리브색이나 누런빛을 띠는 것도 꽤나 많다. 박물관에서 관람객을 안내할 때 저건 혹시 황자黃瓷 아니냐는 농담까지 간혹 듣는다.

《선화봉사고려도경》에서는 고려 사람들이 '청도기靑陶器'를 썼다고 했다.* 그러면 고려 사람들은 자신들이 쓰던 도자기를 어떻게 불렀을까? 이규보의 시를 하나 더 만나보자. 《동국이상국집》 전집 권8에 나오는 고율시 〈김 군金君이 녹자綠甕 술잔을 두고 시를 지어 달라기에 백거이의 시운을 써서 함께 읊다[金君乞賦所飮綠甕盃 用白公詩韻同賦]〉를 보면 한 글자만 다른 '녹자'이다. 아무래도 고려 사람들은 청자가 녹색에 가깝다고 본 것 같다. 이 시의 소재가 된 술잔은 흑백 상감으로 꽃무늬가 들어갔던 모양인데, 손에 쥐고 굴리기도 하면서 즐길 만큼 퍽 사랑스러웠나보다.

나무를 베어 남산이 헐벗었고
불을 피워 연기가 해를 가렸지
녹자 술잔을 구워냈으니
열에서 하나를 골라 뽑았네
선명하게 푸른 옥빛이 나니
몇 번이나 연기에 묻혔는지
영롱하기는 수정과 비슷하고
단단하기는 돌과 대적할 만
이제 알겠네! 술잔 만든 솜씨
하늘의 조화를 빌려왔나 보구려
가늘게 꽃무늬를 놓았는데
묘하게 화가의 솜씨 닮았네
쟁그랑! 내 손에 쏙 들어오니

* 《선화봉사고려도경》 권26, 연례조燕禮條 연의燕儀.

[그림 81] 청자 상감 국화 무늬 잔과 잔받침

13세기의 작품으로, 잔은 몸통과 입구, 굽
부분을 꽃잎 형태를 이루도록 조각했고,
잔받침의 입술을 둥글게 도려내어
잔 전체를 꽃 모양으로 만들었다.

*소장처: 국립중앙박물관

[그림 82] 〈도공Le Maitre Potier〉(1940)

한국인을 소재로 다양한 그림을 그린 프랑스 화가 폴 자쿨레Paul Jacoulet(1896~1960)의 다
색목판화. 탕건을 쓴 젊은 장인이 붓으로 표주박 모양의 도자기 표면에 무언가를 그리는
모습이 담겨 있다. '영롱하기가 수정과 비슷하고 단단하기가 돌과 대적할 만하다'는 이규
보의 녹자綠瓷(고려청자)에 대한 평처럼, 그림 속 청자도 수정처럼 영롱하기 그지없다.

*소장처: 국립민속박물관

가뿐하기 깃털로 만든 술잔처럼 빠르네

유공권柳公權의 은 술잔을 부러워 말게나

하루아침에 날개 달고 잃어버렸다오

깨끗하니 시인의 집에 쌓아 두기 알맞고

공교롭기 이보다 좋은 물건이 있는가 싶다

주인이 좋은 술 있으면

너를 위해 자주 부르는구나

세 번 네 번 돌리자 말을 말고

내가 실컷 취하게나 할지어다

'유공권의 은 술잔'은 무슨 얘긴고 하면 당나라 때로 거슬러 올라가야 한다. 당나라 말에 유공권(778~865)이라는 인물이 있었다. 간의대부諫議大夫, 중서사인中書舍人을 역임하고 하동군공河東郡公에 책봉되는 등 관료로서 성공한 사람이었다. 게다가 글씨를 워낙 잘 쓰기로 유명해서 〈현비탑비玄祕塔碑〉 같은 작품이 지금도 전해진다. 그에게는 조정의 실력자나 거부, 외국 사신들로부터 글씨 요청이 끊이지 않았다. 하루는 글씨 값으로 은 술잔 한 상자를 받았는데, 뒷날 상자를 확인해 보니 텅 비어 있었다. 종이 은 술잔을 다 훔쳐가 팔아버리고 "어디로 사라졌는지 모르겠습니다요"라고 시치미를 뚝 뗐던 것이다. 유공권은 웃으면서 "은 술잔이 날개가 돋쳐 날아가 버렸나보다" 하고, 다시는 묻지 않았다고 한다.

고려시대의
야생 원숭이(?)

저 앞에서 기홍수 상서 댁 애완 원숭이 얘기를 잠깐 보았는데, 그것 말고도 《동국이상국집》에는 심심치 않게 원숭이 이야기가 나온다. 기홍수처럼 원숭이를 진짜 기르는 사람도 있었지만, 산천을 지나다가 "저기 원숭이가 우는구나"라고 읊는 경우가 많다.

시대를 뛰어넘은 조선의 술꾼 송강松江 정철鄭澈(1536~1593)은 〈장진주사將進酒辭〉에 군이 "잔나비(원숭이) 파람불 제"란 구절을 넣었다. 송강처럼 이규보 또한 뭔가 중국스러운 내음을 풍기고자 허사虛辭로 '원숭이'를 넣었을 뿐이라고 치부할 수 있지만, 그렇게 보려 해도 너무나 자주 나온다. 대강 헤아려보니 30여 편은 족히 되는 듯하다.

내가 이미 귀양을 가게 되어 이렇게 험한 강물을 만났구나. 외로운 배 물결에 뜨기도 하고 잠기기도 하는데 장차 어디로 가려고 이리 애쓸까. 평평한 언덕에는 풀빛조차 어둑어둑, 먼 갯벌에는 연기도 시름겹다. 새소리도 슬픈 듯 짹짹하고 원숭이 울음도 구슬픈데 넘어가는 햇빛은 뉘엿뉘엿 누른 구름은 뭉게뭉게, 아무리 오마五馬가 영광스럽다 할지라도 나로서 바란 바는 아니었네.

－《동국이상국집》전집 권1, 고부
古賦,〈조강부祖江賦〉중에서

[그림 83]〈원후도猿猴圖〉

서화협회書畫協會 초대 회장으로 근대 한국화단의 형성에 큰 영향을 끼쳤던 심전心田 안중식安中植(1861~1919)의 그림. 절벽과 폭포 사이 암벽에 어미원숭이와 새끼원숭이가 서로 끌어안고 있는 모습을 그렸다. 이규보가 귀양 가는 길에 들은 구슬픈 원숭이 울음소리가 설마 이들의 애끓는 소리는 아니었을 테지만.

＊소장처: 국립민속박물관

혹시 진짜 고려 땅에 야생 원숭이가 서식하고 있던 것은 아닐까?

음, 이런 얘기를 한다고 고려가 저기 동남아 어디쯤이나 중국에 있었다고 생각하지는 말기 바란다. 어느 시점까지는 살고 있다가 환경의 변화 같은 요인으로 인해 사라져버렸을 수 있기 때문이다. 실제로 충북 청원 두루봉 동굴, 단양 구낭굴 같은 구석기시대 유적에서 원숭이 뼈가 출토되기도 했고, 5세기 고구려 고분인 장천 1호분 벽화 중에 재주 부리는 원숭이 그림이 있다. 《삼국지三國志》〈위지魏志〉 동이전東夷傳에 따르면, 부여의 특산물이 원숭이 가죽[貁狖]이었고 그 나라 대인大人들이 "여우와 삵, 흰 원숭이, 검은 담비가죽 옷[狐狸 狖白 黑貂之裘]"을 입었다고 한다. 이를 보면 일찍이 원숭이가 만주 일대에도 살았을 가능성이 있다. 《삼국유사》에는 이차돈異次頓(?~527)의 목을 베자 흰 피가 솟구치며 "원숭이들이 떼를 지어 울었다"는 대목도 나온다.

조선시대에도 원숭이는 결코 낯선 동물이 아니었다. 조선 초에 명明과 일본에서 왕실에 원숭이를 여럿 보내왔고, 이를 궁중에서 필요로 하는 가축을 기르던 사복시司僕寺에 맡기거나 인천 용유도 같은 따뜻한 섬으로 보내 기르곤 했다. 심지어 제주도에서 잡았다는 기록도 있다.

전라도 관찰사에게 왕명을 내려 이르기를,
"첨지중추원사僉知中樞院事 김인金裀(?~?)이 제주목사로 있을 때 원숭이 여섯 마리를 잡아 길들이게 하여 지금의 목사 이붕李鵬(?~?)에게 전해 주고 있는데, 특별히 사람을 보내어 육지에 가져

[그림 84] 청자 원숭이모양 먹항아리[靑瓷猿狀形墨壺]
12세기의 작품으로, 목줄을 한 원숭이가 항아리를
껴안고 있는 모습이다. 원숭이의 형상이 사실적
이어서, 실제 고려 벌열가閥閱家에서 기르던 원
숭이가 모델이 되었을 가능성이 커 보인다.
*소장처: 국립중앙박물관

오게 할 것은 없으니, 만일 어떤 사람이든지 와서 주의하여 먹여
기르겠다면 육지로 가지고 나와서 풀이 무성한 섬이나 갯가에 놓
아 기르게 하되, 혹시라도 사람들로 하여금 잡아가지 못하게 하고
힘써 번식하도록 하라"라고 하였다.

−《세종실록》권64, 1434년(세종 16) 4월 11일 기사

"손님 오십니다!"

앵무새는 예부터 사람들의 귀여움을 받아왔다. 깃털이 화려한 건 둘째 치고, 훈련을 시키면 사람 손에 올라타며 재롱을 부리고 심지어 사람 말을 잘 따라 하기 때문이다. 물론 앵무새는 우리나라에 서식하지 않는다. 하지만 《삼국유사》 같은 사서에서 이미 신라시대에 당나라에서 앵무새를 들여와 왕실에서 길렀던 사례가 확인된다.

때는 바야흐로 9세기 초 흥덕왕興德王 때, 당나라에서 돌아온 사신이 앵무새 한 쌍을 데려와 궁에 바쳤다. 그런데 암컷이 먼저 죽자 왕은 새장 안에 거울을 걸어주었다. 홀로 남은 수컷 앵무가 거울을 쪼다가 자기 짝이 아님을 알고서 슬피 울다가 끝내 죽었다. 이에 흥덕왕은 노래를 짓고, 왕비가 죽은 뒤 재혼하지 않았다고 한다.*

*《삼국유사》 권2, 기이紀異 제2, 흥덕왕과 앵무새[興德王鸚鵡].

[그림 85] 〈불수앵무佛手鸚鵡〉

앵무새는 우리나라에 서식하지 않지만 왕
실이나 고관들이 외국에서 들여와 애완
용으로 기르곤 했다. 이규보는 한 고관의
집에 갔다가 앵무새를 보고 시를 읊는다.
'영롱하게 늘어놓는 말이 할 때마다 들을
만하구나.' 오원吾園 장승업張承業(1843~
1897)의 솜씨로 비단 바탕 위에 앵무 한 마
리가 사뿐히 내려앉았다.

＊소장처: 국립중앙박물관

이후 고려시대에도 주로 송나라를 거쳐 앵무새들이 여럿 들어왔고, 왕실이나 고관의 집에서 애완용으로 기르곤 했다. 이규보를 아껴 주던 기홍수 상서 댁에도 앵무새가 있었다. 아마 기 상서의 애첩이 시집오면서 데리고 온 모양인데, 누구한테 배웠는지 "손님 오십니다!"라는 말을 가장 잘 따라 했다. 날개를 퍼덕이며 외치는 "손님 오십니다!"가 진기한 구경거리였던지라 이규보의 흥미 또한 돋웠고, 기 상서의 권유에 금세 시가 나왔다.

찬란하다 저 말 잘하는 새
말 알아듣는 꽃*에게 뽐낸다네
그대와 함께 귀한 집에 왔으니
누가 더 많이 사랑받을는지
－《동국이상국집》 전집 권3, 고율시, 〈기 상서 댁에서 미인과 앵무를 읊다[奇尙書宅 賦美人鸚鵡]〉

말하는 것마다 들을 만하다
영롱하니 어찌 분명치 않으랴
공이 선비 좋아함을 알아서인지
손님 오신다는 말을 가장 잘한다
－《동국이상국집》 전집 권3, 고율시, 〈앵무새가 손님이 온다는 말을 가장 잘하므로 공公이 또 짓게 하다[鸚鵡最善導客來 公又令賦之]〉

* 당나라 현종玄宗 황제가 사랑하던 후궁 양귀비楊貴妃(719~756)를 일러 "말을 알아듣는 꽃[解語花]이로다"라고 하여, 이후 이는 아름다운 여성을 가리키는 표현이 되었다.

제삿밥 얻어 드시기 싫으면

경주 지방에서 일어난 민란을 진압하기 위한 군대에 종군한 이규보가 맡은 일 중에는 곳곳의 명산대천에 지낼 제사에 필요한 제문을 짓는 것도 있었다. 요즘 같으면 미신이라고 할지 모르겠지만, 이 시기만 하더라도 산천에 머무르는 신령이 인간의 길흉화복에 영향을 끼칠 수 있다고 여겼다. 고려 사람들은 제사를 통해 신령과 소통하여, 자신이 원하는 대로 신령의 행동을 유도해 뜻을 이룰 수 있다고 보았다. 그렇기 때문에 군대 전체가 산천이나 명소에 제를 지내면 그곳의 신령이 도움을 줄 것이라는 사기 진작의 효과도 기대할 수 있었다.

이때 이규보가 지은 제문들이 《동국이상국집》에 여럿 실려 있는데, 상당히 재미있다. 대개 제문이라고 하면 제사의 대상에게 무언가를 바라는 내용을 담게 된다. 그러므로 앞으로 잘 부탁드린다는, 공손

한 글이 된다. 그런데 이규보의 이 제문은, 물론 어투는 더없이 정중하지만 읽다보면 이게 간청인지 협박인지 아리송할 때가 있다. 예컨대 고려가 산신의 격을 대왕大王으로 인정한 경주의 동악(토함산)과 서악(선도산)의 신령에게 제사를 올릴 때 읽은 제문을 보자.

혹시 상국上國에 불리한 일이 있어 사방에 장차 일이 있게 되면, 신의 위력이 미치는 데는 멀고 가까움이 없으니, 마땅히 음령陰靈으로써 화근을 막아야 할 것입니다. 하물며 계림鷄林의 옛 땅은 바로 대왕이 제사를 받는 곳인데, 역도들이 멋대로 날뛰면서 개미 떼처럼 무리를 모아, 기강을 어지럽히며 상도常道를 거역하고 왕명을 어기면서 의리를 저버리고 있습니다. 신께서 만일 영령靈이 있다면 이를 당연히 저지했어야 할 터인데, 그렇게 하지 않고 이 지경이 되게 하였으니, 아, 국가에서 평소 신을 섬긴 공로와 대왕이 국가를 보호한다는 의의가 어디 있습니까. 이런데도 신께선 부끄럽지 않겠습니까. …… 이제 만일 하루아침에 읍邑이 멸망하고 사우祠宇가 황폐되면, 대왕은 혼자서 누구를 의지하며 누구를 믿겠습니까. 국가에서도 대왕이 무슨 공로가 있다고 옥백玉帛을 할애하여 허비하겠습니까. 이렇게 되면 피차에 제사가 끊겨 나그네처럼 떠돌면서 붙일 데가 없게 될 것이니, 이것이 이른바 신의 불행이라는 것입니다. 지금 대왕을 위한 계책으로서는, 어찌 우리 관군으로 하여금 저들의 우두머리는 사로잡아 죽이고, 나머지는 다 용서하여 농사에 돌려보내어 예전처럼 연화煙火가 끊기지 않게 해주는 것만 같겠습니까. 그러면 대왕의 혈식血食도 길이길이 끊이지 않을 것이니 어찌 기쁘지 않겠습니까. 신께서는 살피시어 저의 기대를 따르소서.

[그림 87] 〈경주읍내전도慶州邑內全圖〉

경주 지방의 민란 진압을 위해 군대에 종군한 이규보는 명산대천에 올리는 제문을 짓
는 일도 했다. 고려가 산신의 격을 대왕大王으로 인정한 경주의 동악(토함산)과 서악(선
도산)의 신령에게 제사를 올릴 때 읽은 제문에서는 '계림鷄林의 옛 땅은 바로 대왕이
제사를 받는 곳임에도 역도들이 멋대로 날뛰고 있으니, 대왕은 산신으로서 부끄럽지
도 않습니까' 라고 한 바 있다. 그림은 18세기 무렵 경주에 있던 조선 태조의 진전眞殿
집경전의 옛터[舊基]를 그린 화첩 《집경전구기도集慶殿舊基圖》에 수록된 경주 지도.
＊소장처: 국립고궁박물관

– 《동국이상국집》 전집 권38, 도량재초소제문, 〈경주 동서 양악東
西兩岳에 올리는 제문[慶州東西兩岳祭文]〉 중에서

　정중한 어투지만 속된 말로 풀자면, "댁이 이번에 우리 안 도와주
면 제삿밥 더 못 얻어먹을 줄 아쇼. 우리가 공짜로 대왕 자리를 준 줄
알아?"라고나 할까. 이를 보면 산천의 신이 '대왕'이라고는 해도 고려
의 국왕보다 위일 수는 없으며 오히려 국가에 종속된 존재로 여기고
있었음을 짐작할 수 있다. 간략하게나마 이규보를 비롯한 고려 사람
들의 정신세계가 엿보이는 글이다.

　고려시대에는 '하늘'과 명산대천의 신, 각 고을의 수호신이 서로
다른 신격神格을 가지고 있었다. '하늘'의 신 황천상제皇天上帝와 태일
太一은 지고의 존재로 하늘의 운행을 좌우하는 한편, 명산대천에 정좌
한 대왕과 용신龍神은 하늘의 하위 신격으로 그 권능 또한 차이가 있
었다. 이는 고려가 중국에서 황천상제, 태일 같은 개념을 받아들인 동
시에 삼국시대 이전부터 이 땅에 존재했던 신앙을 국가 차원에서 흡
수해 서열화한 결과이다.

　서로 다른 신앙이 만나면 충돌하게 마련이다. 하지만 고려시대에
는 그런 신적 존재의 역할을 국가가 모두 인정하여, 신앙의 다원성多
元性을 보장하는 한편 국가의 권위를 살렸다. 이는 건국 이래 지방 세
력을 마냥 부정하지 않고 그들을 체제 안에 포섭하고자 고심했던 고
려 중앙의 태도와 통한다.

이규보가 생각한
'신라'

앞에서 보듯 이규보가 신라부흥운동을 진압하러 내려갔던 과정에서 지은 글이 적지 않았기 때문에 그가 자칫 '신라'를 아래나라[下國]나 추한 나라[醜邦]로만 생각했다고 볼 여지가 있다. 하지만 이규보가 신라라는 나라를 꼭 그렇게만 여겼다고 볼 수는 없다. 이규보가 선배인 동각東閣 오세문의 시에 차운해 지었던 시를 보면……

동도東都는 옛날의 즐거운 나라

궁전의 터가 남아있으니

역사에서 지난 자취 엿볼 수 있고

순후한 풍속은 옛날을 기억하네

......

발해渤海를 둘러 연못을 삼고

부상扶桑을 둘러 울타리 되니

천년의 왕업을 열어젖히고

여러 성왕聖王이 평화를 누렸네

......

─《동국이상국집》전집 권5, 고율시,〈동각 오세문이 고원誥院의

여러 학사學士에게 드린 300운韻의 시에 차운하고 아울러 서문을

짓다[次韻吳東閣世文呈誥院諸學士三百韻詩 幷序]〉중에서

오세문은 신라왕의 외손, 곧 어머니가 경주 김씨였던 인물로, 경주
에서 산 적이 있었다. 그의 아우 오세재는 경주에서 생을 마치기도 했
다. 이규보는 그런 점을 의식하지 않을 수 없었을 것이다. 그렇다 하
더라도 이규보가 신라의 여러 가지 긍정적인 면을 몰랐던 것은 아님
을 알 수 있다.

이 시를 짓고 수십 년 뒤인 1235년(고종 22), 이규보는 다음과 같은
글을 짓는다. 태자, 곧 고종의 아들이자 뒷날 원종元宗으로 즉위하는
이의 혼인을 명하는 교서이다.

숙원淑媛으로 말하자면 특출한 규수인데, 친가는 천 년이나 나라를

누린 자란왕손紫卵王孫의 세가世家요, 외가는 두 대나 정책定策하여

공신功臣에 기록된 좋은 가문[慶閥]이다.

─《동국이상국집》전집 권33, 교서·비답·조서,〈태자의 가례에 내

린 교서─재상을 대신해 왕명을 받들어 짓다[太子嘉禮敎書 以宰相奉

[그림 88] 〈계림고사도雞林故事圖〉

이규보가 신라부흥운동 진압을 위해 종군하기는 했으나 무턱대고 신라를 낮추어 본 것은 아니다. 이규보는 어떤 때는 신라를 깎아내리다가 또 긍정적인 점을 인정하기도 했다. 그림은 경주 김씨의 시조 알지閼智의 탄생 설화를 그린 조선 중기 화가 창강滄江 조속趙涑(1595~1668)의 작품.

*소장처: 국립중앙박물관

勅述]〉 중에서

태자비, 곧 고종의 며느리가 될 여인은 경주 김씨 김약선金若先(?~?)의 딸이자 최이의 외손녀였다. 이규보는 친가는 신라 왕손, 외가는 고려 무신 집권자인 그녀의 가계를 설명하면서 두 가문의 권위를 같은 선상에 두고 있다. 그러면서 경주 김씨를 '자란왕손紫卵王孫', 곧 자줏빛 알에서 태어난 알지의 후예로 자리매김한다. 그녀가 죽자 지은 다른 글에서는 경주 김씨를 "천 년 고국故國의 왕손"으로 표현하기도 한다.*

이를 보면 이규보의 신라 인식은 일관되지 않는다. 어떤 때는 신라를 깎아내리다가 또 다른 때는 긍정적인 점을 인정하는 모습도 보여준다. 정치·사회적 상황에 따라 변화를 보인 것이다. 또 고려가 신라를 '이어 받았다'는 어조의 글은 확인되지 않는다. 단지 마지막 임금이 우리 태조에게 항복했다는 사실, 곧 고려의 신라 흡수를 강조할 뿐이다. 이를 고구려 인식과 견주어 보면 더욱 명확해진다.

---

* 《동국이상국집》 전집 권36, 묘지·뇌서, 〈동궁비의 시호를 내리는 글[東宮妃主諡册文].

'우리 고구려'를 치러 온 자에게
제사를?

서희徐熙(942~998)가 거란 장수 소손녕蕭遜寧(?~998)에게 "우리나라는 고구려의 후예요!"라고 일갈한 것처럼, 고려 사람들은 고려가 고구려를 계승한 국가라고 인식했다. 이는 적어도 고려 지식인들은 거의 모두 공유하는 사실이었다. 이규보 또한 마찬가지였다. 〈동명왕편〉을 지은 스물여섯 젊은이 이규보는 중년의 나이가 되었어도 고구려를 "우리 고구려[我高麗]"로 인식하고 있었다.

외국이 중국에 복종하지 않은 지 오래됐으므로, 당 태종이 장차 만국을 복종시키고 문궤文軌를 통일하려고 하여 장군으로 하여금 군사를 거느리고 우리 고구려를 치게 하였는데, 불행히도 말을 우리

나라에 머무른 채 돌아가지 못하였으므로 사당이 여기에 있게 된 것입니다.
－《동국이상국집》 전집 권38, 도량재초소제문, 〈소정방蘇定方 장군에게 올리는 제문[祭蘇定方將軍文]〉 중에서

엥? 그런데 뭔가 이상하지 않은가? 소정방(592~667)은 백제를 멸망시키고 고구려 평양성을 쳤던 당나라 장수인데, 왜 그의 사당이 고려 땅에 있고, 이규보를 거느리고 경주 민란을 진압하러 내려가던 고려 장수가 그에게 제사를 지낸단 말인가? 아무래도 제문을 끝까지 읽어봐야 할 것 같다.

또 외국이 복종하지 않는 것은 당연한 이치건만 문황제文皇帝(태종)는 오히려 분연히 노하여 군사들을 원정遠征에 내보내어 고달프게 하였고 끝내는 몸소 진두에 서서 경략하기까지 한 것은 장군도 아는 일이며, 하물며 동경東京(경주)은 우리나라의 배읍陪邑인데 감히 군사를 일으켜 국가를 배반함이겠습니까. 입을 벌리고 주인을 향해 짖는 것은 개 같은 짐승도 하지 않는 법인데, 모르겠습니다만 장군의 생각에는 이것을 어떻게 보십니까.
삼가 바라건대, 고금에 하국下國을 정벌하는 경중의 마땅함을 참작하시어, 옛날 장군의 범 같은 걸음과 매 같은 눈초리의 위엄을 되살려 관군으로 하여금 속히 추한 나라를 쓸어버리고 곧 군사를 이끌고 돌아오게 하여 주시면, 장군이 비록 돌아갈 곳 없는 혼으로 이곳에서 제사를 받으셔도 부끄러움이 없을 것입니다.

[그림 88] 당 태종과 소정방

고려 사람들은 고려를 고구려를 계승한 국가라고 인식했다. 이규보도 마찬가지였다. 이규보의 이 같은 고구려 인식은 〈소정방 장군에게 올리는 제문〉에 고스란히 담겨 있다. 이 제문에서 이규보는 서로 다른 나라가 한쪽에 깊이 복종하지 않는 것은 당연한 이치라 말하며 당 태종과 소정방의 고구려 원정을 지적한다.

당 태종의 고구려 원정을 돌려 까지 않나, 이거 묘한 어조가 느껴진다. 게다가 소정방이 "돌아갈 곳 없는 혼[客魂]"이라……《삼국유사》를 보면 이를 해명할 열쇠가 있다. 《삼국유사》 기이紀異의 한 대목이다.

또한 신라 고전古傳에 이르기를 "소정방이 이미 백제와 고구려를 토벌하고 또 은밀히 신라까지 토벌하려 계속 머물렀다. 이때 김유신金庾信(595~673)이 그 음모를 간파하고 당나라 병사들에게 잔치

[그림 89] 김유신에게 사죄하는 소정방
당나라 소정방이 병력을 믿고 신라 김유신에게 무례하게 굴자 김유신이 화를 내며 소정방을 치려고 했다. 이에 소정방이 크게 놀라서 김유신 앞에 무릎을 꿇고 사죄하는 일도 있었다 한다. 이 그림은 김유신 앞에서 소정방이 사죄하는 모습으로, 1908년(순종 2) 정인호鄭寅琥(1869~1945)가 편찬한 소학생용 역사 교과서 《초등대한역사初等大韓歷史》에 실려 있다.

를 베풀고 독주를 먹여 모두 죽이고 그들을 구덩이에 묻었다"라고 하였다. 지금의 상주尙州 외곽에 당교唐橋가 있는데 이곳이 그들을 묻은 땅이라 한다.*

물론 이는 《삼국유사》의 저자 일연一然(1206~1289)도 믿을 수 없다고 따로 적어놓았을 정도로 신빙성은 다소 떨어진다. 하지만 전설이 오래되면 나름의 생명력을 지니는 법, 이규보는 천연덕스럽게 김유신과 소정방의 전설을 글에 녹였다. 그러면서도 이규보는 고려가 고구려의 후신임을 잊지 않고 적었다.

이규보는 고구려 시조의 일대기 〈동명왕편〉을 지은 이유를 "우리

---

* 《삼국유사》 권1, 기이 제1, 태종춘추공太宗春秋公.

나라가 본디 성인의 도읍임을 천하에 알리려는 것"이라고 했다. 고구려와 '우리나라[我國]'의 연계성이 뚜렷하다. 이는 이규보만의 의식은 아니었다. 〈동명왕편〉에도 보이지 않던가? "세상에서 동명왕의 신통하고 이상한 일을 많이 말한다. 비록 어리석은 남녀들까지도 흔히 그 일을 말한다"라고.

이규보가 두 살 되던 1170년(의종 24), 고려에 큰 변혁이 일어났다. 고려 지배층의 한 축을 차지하고 있었으나 알게 모르게 차별받던 무신들이 쿠데타를 일으켜 국왕을 폐위하고 새 국왕 명종明宗을 옹립했던 것이다. 무신정권의 시작이었다. 집권자가 바뀌는 와중에도 무신이 권력의 정점에 올라 고려를 실질적으로 통치하는 상황은 그로부터 100년간 지속되었다. 이규보는 정확히 그 무신정권의 한가운데를 관통해 살았다.

그런 만큼, 이규보의 고려는 무신정권이 다스리던 고려였다. 그 시절에도 신준神駿이나 오생悟生처럼 출가해 후학을 기르거나, 서설에서 본 강좌칠현처럼 세상을 비관하며 술에 빠져들던 반체제 지식인들이 있었다. 그러나 그런 이들마저도 하나둘 다시 세상에 나가 뜻을 펼치려 몸부림을 치곤 했다. 그때 이규보는 과연 어떻게 처신해야만 했을까. 결국 그는 체제를 벗어나진 못했다.

그렇다고 이규보가 단순히 정권의 시녀에 머문 것은 아니다. 서설에서 〈국령으로 농민들에게 청주와 쌀밥을 먹지 못하게 한다는 소식을 듣고〉를 읽어보기도 했지만, 그가 남긴 다른 작품을 봐도 행간에 당시 사회를 비판하는 어조가 담긴 경우가 드물지 않다. 문인다운 깊은 통찰력을 지니고 있던 그는 당시 고려 사회의 문제점을 잘 알고 있었다. 구체적인 개선책을 제시하거나 변혁을 선도하는 데는 이르지 못했지만, 적어도 이것이 잘못이며 그것을 고쳐야 한다는 문제의식은 갖고 있었던 것이다. 만약 그가 그런 의식도 없이 그저 관직만 구걸했거나, 세상을 피해 숨어 지내기만 했다면 오늘날 고려를 알 수 있는 길은 더욱 좁았을 것이다.

이건 아닌 것 같은데

이규보가 살아낸 시절

6

취준생 이규보,
발품 팔다

젊은 시절의 이규보는 콧대가 높았다. 개경의 사학私學 중에서도 최고로 꼽는, 최충崔冲(984~1068)이 세운 문헌공도에서 높은 등수를 놓치지 않던 그였다. 하지만 기대와는 다르게 이규보는 일종의 예비시험인 국자감시에서 여러 번 미끄러졌다. 이에 실망해서인지 아직 스물이 되기 전부터 이규보는 술에 빠졌고, 선배 문인들과 어울리며 자기 나름의 문학을 만들어나갔다. 그런 시간이 뒷날의 대문호 이규보를 낳았지만, 한편으로는 '미치광이'라며 꺼리는 이들을 만들었다.

2차 시험인 예부시에 어찌어찌 합격했음에도 이규보는 고달팠다. 벼슬자리가 도통 돌아오지 않았던 것이다. 고려 중기에 이르면 관료의 숫자에 비해 과거 합격자들이 많아져서, 돈 없고 빽 없는 사람은 합격하더라도 제때 임용되는 경우가 매우 드물었다. 이에 그런 사람들은 고관의 집을 찾아다니며 구직 활동을 벌이게 된다. 이규보도 이 대열에 합류했다.

요즘 같으면 이력서와 자기소개서를 면접관의 눈에 띄게 얼마나 잘 쓸 수 있을까 골몰했겠지만, 이규보의 시대에는 높으신 분들에게 작은 벼슬자리 하나만 허락해 주십사 하는 구관시求官詩를 지어 올리는 게 일반적이었다. 이즈음 이규보는 자신의 국자감시 좌주座主(시험관)이자 국왕 비서실장 격인 승선 자리에 있던 유공권柳公權(1132~1196)에게 이런 시를 지어 바쳤다.

문 앞의 오얏나무[李] 한 그루가
봄을 만나 차츰 따뜻해짐을 기뻐하네
속 한가득 비와 이슬을 받나니
오래도록 말 없다고 꾸짖지 마오

골짜기서 나온 꾀꼬리 아직 있던가
나직이 돌면서 차츰 교목喬木에 내려앉네
궁궐의 버들[柳]에 의탁하길 기약하오니
바라건대 긴 가지 하나만 빌려주소서
─《동국이상국집》전집 권2, 고율시, 〈유 승선에게 올리다[呈柳承宣]〉 2수

오얏나무와 꾀꼬리는 이규보를, 봄과 버들은 유공권을 의미한다. 자기 자신도 좋은 시절을 만나 꽃을 피우고, 좌주 어른에 기대어 관직

[그림 90] 〈말 위에서 꾀꼬리 소리를 듣다[馬上聽鶯]〉
단원 김홍도가 그린 〈행려풍속도 8곡병行旅風俗圖八曲屛〉 중 한 폭. 꾀꼬리에 자기를 빗대어 '긴 가지 하나만 빌려' 주기를 구걸해야 했던 이규보가 저 그림 속 나무에 앉아 지저귀는 꾀꼬리들을 보았다면 얼마나 부러워했을까.
*소장처: 국립중앙박물관

에 나아가고 싶다는 뜻을 은근히 드러냈다. 하지만 이렇게 온갖 재주를 짜내 시를 바쳐도 벼슬을 구하기란 매우 어려운 일이었다. 솟을대문을 나와 터덜터덜 돌아오는 길, 어쩌다 운 좋으면 술 몇 잔 얻어 마셨겠지만, 그나마도 기대하기 어려울 때가 많았으리라. 발품 팔며 다니다 집으로 가는 길, 천근만근의 무게를 짊어진 이규보의 어깨에 노을이 내린다.

> 늘 벼슬자리 없으니, 언제나 벼슬을 못해
> 사방으로 밥 비는 일 기뻐하는 바 아니나
> 날 보내기 지루함이라도 면하고자 함이라
> 아아! 인생 한 세상, 받은 운명이 어찌 이리 괴로운가.
> ―《동국이상국집》전집 권3, 고율시, 〈벼슬이 없음을 탄식하다[無官嘆]〉

버섯 좀 구워 먹었기로서니

신라를 다시 세우겠노라며 일어난 동경東京 민란을 진압하러 갔다가
버섯을 구워 먹은 백운거사, 군사독재 시절을 사신 선배님들은 이를
두고 천고의 지탄을 하곤 했다. 어찌 민중이 봉기한 데 합류하거나 공
감하지는 못할망정 한가하게 버섯이나 구워 먹었느냐고.

> 운문산의 그런 봄과 겨울이 열 번이나 바뀌도록 운문적雲門賊이 된
> 농민들은 세상 밖으로 나오지 못했다. …… 이들은 최소한 이듬해
> (1204년(신종 7)) 봄까지 운문산 속에서 정부 토벌군을 피해 몸을 숨
> 겼던 것만은 분명하다. 그것은 무신정권이 수립되자 여기에 적극
> 동조하여 토벌군에 자원 종군하면서 병마녹사를 지내던 이규보가
> 친구에게 보낸 다음과 같은 편지 구절에 잘 나타나 있다. …… 솔

밭을 걸으면서 그 옛날 일들을 생각하며 스스로 야릇한 심사에 젖어 죄 없는 돌부리만 걷어차고 있는데 나의 지기가 점심 공양이 준비되었다고 사람을 보냈다. 점심 식탁에는 표고버섯이 싱싱하게 무쳐 있었다. 그러나 나는 그날 그 표고를 먹지 않았다.

– 유홍준, 《나의 문화유산답사기 2》 중에서

뜻하지 않게 욕을 먹은 이규보, 그를 위해 변명 하나를 해보고자한다. 《동국이상국집》에 실린 〈팔월 오일에 도적 떼가 점점 치성한다는 소식을 듣고[八月五日 聞羣盜漸熾]〉*라는 시를 보면 다음과 같은 대목이 나온다.

도적 무리가 고슴도치 털 같아
산 백성이 비린 피를 뿌리누나

무신정권 시기에 태어나 자란 고려 지식인 이규보가 보기에 '도적무리'들은 '살아 있는 백성'들과 구분되는 존재였다. 게다가 신라 부흥을 부르짖으며 고려를 부정한다? 이규보가 이때 지은 제문 중에는 "옛날 신라가 기울 무렵 백제의 횡포에 곤욕을 받았는데, 바야흐로 견훤甄萱(867~936)의 예졸銳卒에게 포위되었을 때 태조의 구원병이 아니었더라면 거의 살아남은 백성이 없었을 것입니다"라고 하면서 '은혜도 모르는' 신라의 후예들을 질타하고 이 토벌을 정당화하는 것이 있

---

* 《동국이상국집》 전집 권6, 고율시.

[그림 91] 〈자위부과도刺蝟負瓜圖〉

오이를 이고 달아나는 고슴도치의 모습을 담은 조선 후기 화가 긍재兢齋 김득신金得臣(1754~1822)의 그림. 이규보에게 신라 부흥이라는 기치를 내걸고 난을 일으킨 이들은 이 고슴도치처럼 백성이 먹을 오이를 가지고 도망가는 '도적 무리'로 보였던 듯하다.

＊소장처: 국립민속박물관

다.* 난을 일으킨 그들은 고려의 백성이 아니었던 거다.

다시 돌아가서, 이 시의 뒷부분에는 "논밭은 모두 붉게 타서/ 곡식 싹이 무성한 것을 볼 수 없네/ 부잣집도 벌써 식량을 걱정하는데/ 가난한 사람이야 어떻게 살 수 있으랴/ 명문가에서는 날마다 자리에 술을 토하고/ 백 잔을 마시니 귀가 저절로 뜨끈해지네 …… 단지 문호의 융성한 것만 알고/ 나라가 불안한 것은 근심하지 않누나/ 썩은 선비 비록 아는 것은 없으나/ 눈물을 흘리며 매양 목메어 흐느끼네" 라고 하여, 권세가를 비판하는 동시에 나라 걱정, 백성 걱정에 우는 이규보 자신을 그리고 있기도 하다.

그리고 군대 다녀온 분들은 아시겠지만, 일과가 끝나면 계급이 좀 되는 분들은 PX 가서 맛있는 것도 먹고 쉬기도 하지 않는가. 이규보 정도면 제법 높은 위치였으니 쉬는 시간에 버섯 좀 따서 구워 먹을 수도 있었을 것이다. 아마 병장 이하로는 침만 질질 흘렸을지도 모를 일이지만.

*《동국이상국집》 전집 권38, 도량재초소제문, 〈태일에 올리는 초례문[太一醮禮文]〉.

두더지만도 못한 놈

어느 시대건 백성은 고달팠다. 특히나 그들과 직접 만나는 지방관과 향리들은 그들을 무슨 ATM처럼 생각하는 경우가 많았다. 풍년이 들면 풍년이 든 대로, 흉년이 들면 흉년이 든 대로 향리는 백성들이 기른 곡식을 세금으로 걷어 갔고, 그것을 지방관은 수도로 올려 보냈다. 그 과정에서 떨어지는, 이른바 떡고물이 없었겠는가. 그 떡고물의 크기가 관건이겠지만 말이다. 고려시대에도 이러한 일은 흔했다. 특히 무신이 집권하던 시기, 지방관들의 수탈은 극에 달해 있었다. 견디다 못한 백성들은 도망가거나 도적이 되어 관에 저항했다.

이규보는 이런 현실을 어떻게 생각했을까. 동서고금의 많은 지식인이 그러했듯, 그 역시 백성의 어려움을 안타까워하고 지방관, 향리의 수탈에 비판적이었다. 다음의 시를 보면, 그가 지방관의 수탈을 어

[그림 92] 〈대지주소작료납입大地主小作料納入〉

지식인답게 이규보 또한 백성의 고달픔을 안타까워하고 지방관, 향리의 수탈에 비판적이었다. '도대체 얼마나 많은 입을 가지고 있기에 백성을 씹어 먹는가' 일갈하는 이규보에게 지식인의 비분강개가 읽힌다. 그림은 조선 말기에서 일제강점기에 이르기까지 풍속화와 역사 인물화를 많이 그렸던 화가 일재一齋 김윤보金允輔(1865~1938)의 《농가실경도첩農家實景圖帖》 중 한 폭이다. 쌀 두 섬과 닭 한 마리를 소작료로 내고 있는 농민의 모습이 흉년으로 고달픈 상황임에도 수탈을 멈추지 않는 지방관들 때문에 고통받던 이규보 시절의 백성과 겹쳐 보인다.

＊출처: 한국데이터산업진흥원 공유마당

떤 관점에서 바라보았는지 잘 드러난다.

> 흉년이 되어 백성은 거의 죽게 되니
> 오직 남은 것은 뼈와 가죽뿐일세
> 몸속에 남은 고기가 얼마나 된다고
> 남김없이 죄다 자르고 쪼개려는지
>
> 그대 강물 마시는 두더지 보았던가
> 그 배를 채우는 데 지나지 않는다
> 묻노니 너는 입을 얼마나 갖고 있길래
> 백성들의 고기를 탐내서 씹어 먹는가
> ─《동국이상국집》 후집 권10, 고율시, 〈군수 몇 사람이 뇌물을 받
> 아 죄를 입었다는 말을 듣고 짓다[聞郡守數人以贓被罪]〉 2수

사실 이런 시는 하나의 장르라 말해도 무리가 없을 만큼 글 좀 한
다는 문인들이 많이 짓는 소재였다. 그러니 이규보의 이 시 또한 다소
관념적인 작품이라 치부할 수도 있다. 하지만 글의 제목이나 내용을
차근히 곱씹어보면, 어쩐지 자신이 저들을 징벌할 수 없는 데 대한 무
력감과 뇌물을 받아 제 배를 불린 지방관에 대한 분노가 느껴진다.

"저 두더지만도 못한 놈!"이라고 외치며 비분강개하는 지식인이
머릿속에 떠오른다면 지나친 상상일까.

뇌물이 통하는 사회

'기름칠'이라고도 하고 '와이로ゎぃろ'라고도 하며, '커미션commission' 이라고도 하고 '급행료急行料'라고도 하는 것이 있었다. 제법 가까운 옛 날만 하더라도 사업하는 사람이 그걸 골고루 뿌리지 않으면 어떤 일이 든 진행되지 않는다 할 정도였다. 이제는 그런 것이 없어졌다(고 믿고 싶 다. 제발). 하지만 이규보가 살던 고려 무신 집권기의 경우 '그것'은 있 다 없다 말할 정도가 아니라 당연한 것이었다. 가난한 천재 이규보도 그것을 뼈저리게 깨닫고 있었다. 강을 건너는 나룻배 뱃사공마저 술 한 잔을 받지 않으면 세월아 네월아 하는 고려였다.

이자李子(이규보)가 남쪽으로 어떤 강을 건너는데, 때마침 배를 나 란히 해서 건너는 사람이 있었다. 두 배의 크기도 같고 사공의 수

[그림 93] 〈섭강도涉江圖〉

이규보가 살던 고려 무신 집권기, 뇌물은 '있었네 없었네'를 논할 정도가 아니라 그냥 당연한 것
이었다. 남쪽으로 가던 이규보 또한 뇌물의 있고 없음으로 빠르고 느림, 앞섬과 뒤처짐을 겪고는
한탄한다. "오늘날까지 낮은 관직 하나도 얻지 못한 것이 당연하구나." 조선 후기 도화서 화원 이
형록李亨祿(1808~?)의 《화첩畵帖》에 실린 이 그림 속 사공도 이규보 시절처럼 술 한잔 받지 않으
면 세월아 네월아 했으려나.
*소장처: 국립중앙박물관

도 같으며, 배에 탄 사람과 말의 수도 거의 비슷하였다. 그런데 조금 후에 보니, 그 배는 나는 듯이 달려서 벌써 저쪽 언덕에 닿았지만, 내가 탄 배는 오히려 머뭇거리고 앞으로 나가지 않았다. 그래서 그 까닭을 물었더니, 배 안에 있는 사람이 말하기를,

"저 배는 사공에게 술을 대접해, 사공이 힘을 다하여 노를 저었기 때문이오"라고 하였다.

나는 부끄러워하지 않을 수 없었다. 따라서 탄식하기를,

"아, 이 조그마한 배가 가는 데도 오히려 뇌물의 있고 없음에 따라 느리고 빠름, 앞섬과 뒤처짐이 있거늘, 하물며 벼슬을 다투는 마당에 있어서랴. 나의 수중에 돈이 없는 것을 생각하매, 오늘날까지 낮은 관직 하나도 얻지 못한 것이 당연하구나"라고 하였다.

이것을 기록하여 후일의 참고로 삼으려 한다.

– 《동국이상국집》 전집 권21, 설, 〈배와 뇌물 이야기[舟賂說]〉

이때는 음주운전 단속이 있던 시절도 아니니 사공이 술 마시고 배를 모는 데 거리낌이 더욱더 없었으리라. 글쎄, 나 같으면 "에이!" 하고 욕이나 하고 말았겠다. 하지만 문인이던 이규보 선생은 이를 글감 삼아 글로 옮기고, 무신 집권기 고려 사회의 분위기를 우리에게 남겼다.

알량한 월봉에서
떼어갈 게 뭐 있다고

《동국이상국집》 전집 권41에 보면 〈또 거란 군사를 물리치기 위해 제석
천帝釋天께 재齋를 올리는 소[同前攘丹兵天帝釋齋疏]〉라는 글이 있다. 이규보
가 50세 되던 해인 1217년(고종 4), 거란군이 쳐들어오자 그들을 물리치
기 위해 조정이 여러 가지 방책을 강구하던 중, 하늘의 힘도 빌리고자 이
규보에게 명하여 지은 글이다. 그 글을 읽어보면 이런 대목이 나온다.

> 허물 고치기를 꺼리지 않고 진실로 마음의 회책悔責을 부지런히 하
> 면, 재앙은 오히려 면할 길이 있겠지만 아무래도 묘명杳冥하신 신의
> 도움을 힘입어야 하겠나이다. 이에 문호文虎*의 월봉月俸을 거두어서

* 문관과 무관.

[그림 94] 경주 석굴암石窟庵 왼쪽 벽 제석천(우)과 보현보살(좌)

1217년(고종 4) 거란 군사를 물리치기 위해 조정은 하늘의 힘도 빌리고자 이규보에게 명하여 글을 짓게 했다. 이규보는 그 글에서 '문관과 무관의 월봉을 거두었다'라고 썼다. 거란 군사 물리치는 재를 올린다고 녹봉에서 갹출까지 했던 것이다. 과연 제석천이 그렇게 받은 공양으로 거란군 격파에 힘을 보탰을까. 모를 일이다.

＊출처: 국립중앙박물관(유리건판)

[그림 95] 동국통보東國通寶
고려시대에 주조해 사용했던 동전.
*소장처: 국립중앙박물관

아침저녁으로 재를 준비하고, 우러러 면대綿臺*에 호소하고자 특별히 구름처럼 많은 공양을 마련했나이다.

여기서 주목되는 것은 '문관과 무관의 월봉을 거두었다'라는 부분이다. 고려시대에는 1년에 1~2회 정기적으로 녹봉을 주는 것이 관례였지만, 여기서 보듯 월봉, 곧 다달이 녹봉을 지급한 예도 있었다. 국왕이 품계와 관직에 맞는 녹패祿牌를 관료에게 하사하면 관료는 개경 좌창左倉에 가서 녹봉을 받게 되어 있었다. 이 글에서 "월봉을 거두어서"라고 적은 것은 녹패에 기재된 숫자를 줄였다는 의미로 봐야 맞겠다.

그나마도 모자랐을 녹봉에서 거란 군사 물리치는 재를 올린다고 갹출까지 해야 했던 관료들의 기분은 어땠을까. 시곗바늘을 돌려 지금으로 잠시 돌아와서, 이것저것 공제된 월급명세서를 받아든 직장인들의 기분을 생각하면 답은 바로 나온다.

"에잇, 이 망할 놈들!!!"

* 신선이 노니는 누대.

고무줄 같은
그대의 나이

얼마 전까지만 하더라도 가족관계등록부에 있는 자기 생년월일을 살짝 바꾸는 경우가 있었다고 한다. 일찍 퇴직해 연금을 더 받거나, 늦게 퇴직해 더 오래 근무하고 싶은 열망 때문이란다. 그런데 이런 일이 고려시대에도 있었던 모양이다. 《동국이상국집》에 실린 이규보의 연보를 보면 그의 나이 예순아홉일 때 이런 일이 있었다.

> 병신년(1236, 고종 23) 공의 나이 69세.
>
> ……
>
> 12월에 〈물러나기를 간청하는 표문(乞退表)〉을 올렸으나 국왕이 그 표문을 궐내에 두고 내시 김영초金永貂(?~?)를 보내어 극진히 타이

르고 다시 벼슬하도록 했는데, 공은 병이 위독하다고 핑계하였다.

이규보는 이때 중서문하성의 종2품 참지정사參知政事 자리에 있었다. 이는 고려의 국가 중대사를 의논해 처결하는 고위 관료 재추宰樞에 포함될 정도로 권한이 큰 자리였다. 하지만 칠순이 다 되어가는 이규보의 입장에서는 퍽 부담스럽게 느껴졌을 만도 하다. 이해 5월 그는 예부시의 지공거가 되어 과거를 주관했는데, 이로써 자신이 할 일은 다했다고 여겼을지도 모르겠다.

오랫동안 어진 이의 나아갈 길을 방해하여 이미 책임이 가볍지 않음을 염려하였사오며, 다시 칠십 세가 거의 다 되었을진대 어찌 구구한 말로 감히 처할 수 있겠사옵니까. 어리석은 정성을 다 바치나니 번거로운 자리에서 풀어주기를 간청하옵니다.
–《동문선》 권42, 표전表箋, 〈물러나기를 간청하는 표문乞退表〉 중에서

앞에서 여러 번 이야기했지만 당시 집권자 최이는 이규보를 퍽 각별하게 아꼈다. 그가 아프다고 하니까 그 귀한 용뇌(가짜로 밝혀져 이규보를 실망시킨)를 구해서 의관과 함께 보내줄 정도였다.* 아낀 만큼, 이규보의 능력을 끝까지 뽑아먹으려(?) 작정했던 모양이다. 연보를 보면 다음과 같은 문장이 이어진다.

---

* 《동국이상국집》 후집 권9, 고율시, 〈진양공晉陽公이 용뇌와 의관을 보내어 눈병을 치료하게 한 것을 사례하고 아울러 서문을 짓다謝晉陽公送龍腦及醫官理目病 幷序〉.

진양후晉陽侯(최이)가 호적에서 나이를 줄였다고 하면서 머물러 있도록 권하므로 공은 하는 수 없이 12월에 다시 나아가 일을 보았다. 그러나 늘 불안한 생각을 갖고 여러 차례 시를 지어 편치 못하다는 뜻을 나타냈다. 공은 특히 호적에서 나이를 줄였다는 것을 다행스럽게 여기지 않고 사실대로 아뢰었으니 진실로 사퇴할 생각이 간절한 것이었다. 그래도 물러날 수 없자, 늘 읊으시던 시가 있었는데 "얼굴이 있어도 감히 들 수 없으니/ 부끄러운 일 이미 적지 않구나"라고 한 것이 바로 이것이다.

"이 친구 나이 몇 살 더 줄여! 아직 더 부려먹어야 해!"라고 하니 호적 담당 관리가 알아서 잽싸게 쓱 바꾸어버렸다. 순식간에 젊어진 백운거사, 이것이 도가에서 말하는 불로不老인가······. 사직이 받아들여지지 않자 이규보는 쓴웃음을 지었으리라. 그로부터 200여 년 뒤, 조선에 세종世宗이라는 임금이 있어 신하들을 최이 못지않게 부려먹었다고도 전한다.

좌의정 황희黃喜(1362~1452)가 사직하였다. ······ 임금이 말하기를, "조정에 있는 신하로서 누가 능히 제 직분을 다했노라고 말할 것인가. 이와 같이 나간다면 조정이 아주 비게 되리로다"라고 하고, 집현전 관원을 시켜 이 뜻을 가지고 그의 집에 가서 말로 타이르게 하였다.
−《세종실록》권36, 1427년(세종 9) 6월 17일 기사

영의정 황희가 가뭄으로 인해 상서上書하기를,

[그림 96] 〈황희 초상黃喜肖像〉

이규보는 '나이 일흔이 다 되었고 오랫동안 어진 이의 나아갈 길을 방해하여 책임이 가볍지 않으니 번거로운 자리에서 풀어주소서'라 청했지만, 그를 각별하게 아끼던 당시 집권자 최이는 호적을 바꿔 나이를 줄이면서까지 이규보를 붙잡아두려 했다. 조선 세종 또한 '신이 나이를 많이 먹었으니 파직해주소서'라던 황희의 상서를 20년 넘게 물리치며 윤허하지 않았다. 그만큼 이규보도, 황희도 나라를 다스리는 데 필요한 인재였던가 싶다.

＊소장처: 국립중앙박물관

"신의 나이가 아흔에 가까운데, 공이 없이 녹봉을 타 먹으니, 청컨
대 신을 파직하여 하늘의 꾸지람에 응답하소서"라고 하니, 윤허하
지 아니하였다.

－《세종실록》 권124, 1449년(세종 31) 5월 27일 기사

딱따구리에게
묻건대

요즘은 딱따구리 보기가 하늘의 별 따기다. 도대체 '딱딱딱' 하며 나무를 쪼아댄다는 그 새를 어디 가야 볼 수 있는지, 어렸을 때 만화로 된 동물도감에서 보고 숲 비슷한 데 가면 나무들을 뚫어져라 살펴본 기억이 있다. TV 만화에서 "어허허허／허＼!" 하고 웃는 딱따구리를 하도 봐서 그랬는지 모르겠다(지금은 그 만화를 기억한다면 나이 좀 든 사람이겠지만).

고려시대만 하더라도 딱따구리를 만나는 건 그리 어렵진 않았는지, 이규보가 바로 옆에서 본 듯 딱따구리를 묘사한 시를 남겼다.

나무에 구멍 내 벌레를 찾았는지

딱딱 소리 문 두들기는 것 같네

너는 오색의 아름다움을 갖추고

어찌하여 벌레 쪼기를 좋아하느뇨

−《동국이상국집》 전집 권16, 고율시, 〈딱따구리[啄木鳥]〉

[그림 97] 〈딱따구리[啄木鳥]〉

이규보는 '왜 그렇게 시끄럽게 딱딱 소리 내면서 나무를 두드리는지, 깃털은 화려하면서 왜 그렇게 벌레를 쪼아대는지'라며 딱따구리에게 마뜩찮은 눈길을 보냈다. 그렇다고 마냥 싫어하지만은 않는다. '누가 너의 부리를 빌려 벌레 같은 사람을 쪼아버렸으면 싶구나'라며 나름의 쓰임새가 있음을 덧붙이기도 했다. 두 발로 단단히 매화나무 등걸을 움켜쥐고 길고 뾰족한 부리로 나무를 쪼아대는, 조선 후기 화가 심사정의 그림 속 딱따구리처럼 말이다.

＊출처: 한국데이터산업진흥원 공유마당

부리로 나무를 쪼아 그 안에 있는 벌레를 잡아먹는 딱따구리의 습성을 이규보는 알고 있었다. 한데 이 시만 보면 이규보는 딱따구리 또는 딱따구리로 비유되는 누군가를 그리 좋아하지 않았던 것 같다. 시끄럽게 나무를 문 두들기듯 하고, 깃털은 그렇게 화려하면서 왜 벌레를 쪼아대는지! 그런데 이 시의 끝에는 이런 내용이 덧붙어 있다.

한 본에는 "누가 너의 부리를 빌려/ 사람 중의 벌레를 쪼아버릴꼬"라 되어 있다.

이 구절을 붙여보면 딱따구리 부리를 빌려 세상의 나쁜 놈들을 쪼아버리고 싶다는 의지 또는 한숨이 읽힌다. 《동국이상국집》을 편찬하면서 이규보의 작품으로 전하는 것을 사방에서 긁어모으다보니, 때로 여러 가지 버전이 모이는 경우도 많았던 모양이다. 이 시도 아마 두 가지 버전이 수집된 것 같은데, 어떤 구절이 들어가야 이규보의 뜻에 맞을까?

물론 백운거사에게 직접 물어볼 수는 없다. 하지만 추정은 해볼 수 있겠다. 당시 사회의 모습에 큰 문제의식을 갖고 있던 젊은 시절의 이규보라면 "누가 너의 부리를 빌려"를 붙이는 게, 온갖 알량한 권력을 휘두르던 소인을 여럿 만났을 중장년의 이규보라면 "너는 오색의 아름다움을 갖추고"를 붙이는 게 아무래도 자연스러울 것 같다. 여러분은 어떤 구절을 붙이고 싶으신지?

교활하고 욕심 많은
거미를 탓하다

다른 곤충과는 달리 거미는 다리가 여덟 개다. 그러므로 요즘의 과학 자들은 거미를 곤충과는 달리 분류한다. 하지만 옛날 분들은 거미를 뭉뚱그려 벌레의 일종으로 여겼다. 한자로 거미를 벌레 충蟲을 변으로 삼은 주蛛라 하는 걸 보아도 분명하다.

　지금도 그렇듯이 고려시대에도 거미는 뱃속에서 실을 자아내서 그 물을 치고 먹이를 잡았다. 거미를 보고 이규보가 읊은 글이 하나 있는 데, 아무래도 은유하는 바가 있는 것 같다. 욕심 많은 거미를 무엇에 빗대었고 덫에 걸린 매미가 누구를 빗댄 것일지는 여러분의 상상에 맡긴다.

저 교활한 거미는 그 종류가 아주 많구나. 누가 너에게 교활한 재주를 길러 주어 그물 만들 실로 둥근 배를 채웠는가. 어떤 매미가 거미줄에 걸려 처량한 소리를 지르기에 내가 차마 듣다 못하여 놓아 주어 날아가도록 했더니 옆에 서 있던 어떤 자가 나를 나무라면서, "오직 이 두 미물은 다 같이 하찮은 벌레들인데 거미가 자네에게 무슨 손해를 끼쳤으며 매미는 자네에게 무슨 이익을 줬기에 오직 매미만 살리고 거미는 그만 굶겨 죽이려 하느냐? 이 매미는 자네를 고맙게 여길지라도 저 거미는 반드시 억울하게 생각할 것이다. 매미를 놓아 보낸 것에 대해서 누구든 자네를 지혜롭다 하겠는가?"라 하였다.

나는 이 말을 듣고 처음에는 이마를 찡그리고 대답조차 하지 않다가 얼마 후에 한마디 말로써 그의 의아한 마음을 풀어주기를,

"거미란 놈은 성질이 욕심을 내고, 매미란 놈은 자질이 깨끗하네. 배부르기만 구하는 거미의 욕심은 채우기가 어렵지만 이슬만 마시는 매미의 창자에서 무엇을 더 구하겠는가? 저 탐오貪汚한 거미가 이 깨끗한 매미를 위협하는 것을 내가 차마 볼 수 없기 때문이었다"라 하였다.

왜 매우 가는 실을 입으로 토해내어 그물을 만들어내는지 아무리 이루離婁* 같은 밝은 눈으로도 알아보기 어려운데, 하물며 이 지혜롭지 못한 매미가 어떻게 자세히 엿볼 수 있겠는가? 어디로 날아가려고 하던 차에 갑자기 그 그물에 걸려서 날개를 쳐도 더욱더 얽히기만 하였다. 제 이익만 구하려는 푸른 빛 파리들은 온갖 냄새를

* 중국 고대의 전설적인 인물로, 100보 밖에서 털끝을 구분했다고 함.

[그림 98] 〈거미줄을 친 거미〉

17세기 왕실 종친이자 서화가인 상고재尚古齋 이우李俁(1637~1693)의 작품으로 전해지는 《화조충류도첩花鳥蟲類圖帖》에 수록된 그림. 원추리와 갈대 사이에 쳐 있는 거미줄 중앙에 걸린 매미에게 서서히 다가가고 있는 거미의 모습이 생생하다.

＊소장처: 국립중앙박물관

따라 비린내만 생각하고 나비도 향기를 탐내어 마치 미친 듯이 바람을 따라 오르내림을 멈추지 않는다. 그러다가 그물에 걸릴지라도 누구를 원망하랴. 본래 그 허물이 너무 탐내고 구하려는 욕심 때문인데, 너는 오직 남과 더불어 아무 다투는 일이 없었는데 어떻게 이 악독한 그물에 걸렸을까? 너의 몸에 뒤얽힌 거미줄을 풀어놓고 너에게 다음과 같은 간곡한 말로 부탁하노라.

"높은 숲을 찾아 잘 가서 아름다운 그늘의 깨끗한 곳을 가려서는 자주 옮기지 말지어다. 이런 거미들이 엿보고 있다. 한 곳에만 오래 있지 말거라. 사마귀가 뒤에서 노리고 있다. 너의 거취를 조심한 다음이라야 허물없이 지낼 수 있으리라."

－《동국이상국집》전집 권1, 고부古賦, 〈매미를 놓아주며 읊다[放蟬賦]〉

이제 어지간히 이규보 이야기를 살펴보았다. 하지만 여기서 끝을 맺기엔 아무래도 섭섭하다. 《동국이상국집》속 이규보의 글을 보면 매우 다양한 주제의 글들이 실려 있다. 그것을 보면 이규보가 평소 가지고 있었을 여러 가지 생각이 어렴풋이 드러난다. 물론 이는 고려와도 관련 있고, 이규보 개인과도 관계가 있다. 그러나 그러한 글만으로 이규보와 고려시대를 논하기엔 다소 애매한 느낌이 있기도 하다. 여기에 마지막으로 한 장章을 묶어서 그런 글들을 소개해보고자 한다.

못다 한 이야기
이규보의 생각 엿보기

세계지도를 보며
자부심을

《동국이상국집》전집 권17을 보면 〈제화이도장단구題華夷圖長短句〉라는 시가 있다. 대강 번역해보면 '〈화이도華夷圖〉에 제題한 길고 짧은 시구' 정도가 될 텐데, 시를 보면 다음과 같다.

> 만국의 삼라만상이 몇 폭 종이에 펼쳐져
> 삼한三韓은 모퉁이의 조그만 덩어리 같네
> 보는 자는 작다고 말하지 말라
> 내 눈에는 조금 큰 편이로다
> 고금에 어진 인재 끊임없이 태어나
> 중국에 견주어도 크게 부끄러울 것 없다네

사람이 있으면 나라요 없으면 아니니

오랑캐는 땅만 컸지 초개같다네

그대는 보지 못했는가! 중국 사람이 우리를 소중화라 한 것을

이 말은 진실로 채택할 만하다네

이 시에서 알 수 있는 이야기는 크게 세 가지다. 고려시대에 적어도 남송, 금과 몽골, 고려를 한데 그린 세계지도가 있었고 그 이름이 〈화이도〉였다는 것, 고려의 크기가 지도에서 꽤 작은 편이었다는 것, 당시 중국(남송이나 금)에서 고려를 '소중화'라고 이미 부르고 있었다는 것.

고려시대의 세계지도라……. 아무래도 1402년(조선 태종 2)에 만들어진 〈혼일강리역대국도지도混一疆理歷代國都之圖〉에 가깝지 않았을까 싶다. 그런데 여기서 주목되는 건 '화이'나 '소중화'를 보는 이규보의 인식이다. '화이'나 '소중화'라고 하면 흔히 중국에 고개를 조아리는 사대주의를 바로 연상한다. 그런데 이 시에서는 오히려 고려에 대한 자부심이 그득그득 묻어난다. 이규보는 세계지도에서 다른 나라가 아닌 고려를 본 것이다.

조선시대 선비들은 스스로 조선을 소화小華, 소중화라고 했다. 이는 자화자찬이다. 하지만 고려시대엔 중국 사람들이 오히려 고려를 소중화라고 불렀다. 이는 다른 이의 객관적 평가다. 고려 문인들에게는 그런 '세계적' 평가에 힘입은 자부심이 있었다. 이규보도 예외는 아니었다. 이러한 자부심이 드러난 글을 하나 더 소개하고자 한다. 중국(여기선 남송) 손님을 만났는데, 그에게서 자신이 젊어서 지었던 시가 우연히 중국에 들어가 애송되고 있다는 사실을 듣고 지은 시와 그

[그림 99] 〈혼일강리역대국도지도混一疆理歷代國都之圖〉

현전하는 우리나라 최고最古의 세계지도로 알려진 〈혼일강리역대국도지도〉는 1402년(조선 태종 2) 만들어졌다. 그런데 이규보는 고려시대에도 남송, 금, 몽골, 고려를 한데 그린 세계지도 〈화이도〉가 있었다고 말한다. 이규보는 〈화이도〉에 대한 시를 읊으며 고려에 대한 자부심을 한가득 표한다. 그림은 일본 류코쿠龍谷대학 소장본을 저본으로 한 채색 모사본 〈혼일강리역대국도지도〉.

＊소장처: 서울대학교 규장각한국학연구원

서문이다.

내가 그전 과거에 급제하던 해에 같이 급제한 동기들과 통제사通濟
寺에 갔었다. 나와 4~5명은 일부러 뒤떨어져 천천히 가면서 말을
나란히 하고 시를 읊고 화답했는데, 먼저 부른 사람의 운을 가지고
각각 사운시四韻詩를 지었다. …… 그 뒤에 다시 어떤 사람이 전하
는 말을 들었는데, 이 시가 중국에 흘러 들어가 사대부들이 굉장히
기리게 되었다는 것이다. 그 사람은 '절름발이 노새 그림자 속에
푸른 산 저물어 가고/ 외기러기 울음 속에 가을 단풍 짙어간다'라
는 한 구를 외었고 이 구절이 더욱 그가 좋아하는 것이라고 하였으
나, 나는 그 말을 듣고서도 믿지는 않았다. 그 뒤에 또 어떤 사람이
'하늘 어둑한데 외로운 학 어디로 돌아가는가/ 행인은 그치지 않
는데 길은 멀고도 멀다'라는 한 구절을 기억하였으나, 그 수구首句
와 낙구落句는 다 알지 못했다. …… 어제 그대가 나를 찾아왔는데
좌중에 있던 어떤 손님이 이 시를 언급하고 이어 묻기를 '상국(이
규보)의 이 시가 당신 나라에 전파되었다니 정말이오'하고 물었다.
그대는 급히 '전파되었을 뿐만 아니라 다들 그림족자[畫簇]로 만들
어 가지고 보고 있다오'라고 대답하였다. 손님이 약간 의심하자 그
대는 '그러시다면 내가 내년에 귀국하여 그 그림과 이 시의 전문을
가지고 와서 보여 드리겠소'라고 하였다.
아, 과연 이 말대로라면 이것은 정말 분에 넘치는 이야기이고 감
당해낼 만한 일이 아니다. 그렇기는 하나 의리상 남의 호의를 거저
받을 수는 없고, 또 우리나라로 돌아올 때 내 시를 기록해 올 것에
대비하여 앞서의 두 가지 일을 잊지 않도록 하고 싶었다. 그래서

전에 부쳤던 절구의 마지막 한 편 운에 차운하여 보내는 것이다.
......

변변찮은 한 수의 시 부끄럽거니
한 번 보면 그만인데 그림까지 만들었네
중국은 '바깥이 없다'는 말 알지마는
지나치게 말을 하는 게 속임일까 두렵네

이 나라에서도 내 시 좋아하는 이 적거늘
중국에서 어떤 사람이 잘됐다고 하겠는지
그림까지 만들었다 함은 비록 거짓 같으나
그대의 성실함 보니 속이지는 않았으리
－《동국이상국집》후집 권4, 고율시, 〈전에 부친 절구에 차운하여
구양 이십구 백호歐陽二十九伯虎에게 증정하고 아울러 서문을 쓰다
[次前所寄絶句韻 贈歐陽二十九伯虎 幷序]〉

고구려 시조
주몽의 꾀

이규보는 나이 스물여섯 살 되던 해에 〈동명왕편〉을 짓는다. 피 끓던 젊은 시절의 규보 아저씨, 고구려의 시조 동명성왕東明聖王 주몽朱蒙의 이야기를 격정적으로 풀어냈다. 이로써 이규보는 한국 고대사에도 불멸의 이름을 남겼다.

《동국이상국집》의 전집 권3에 실려 있는 〈동명왕편〉에는 고려 초에 만들어졌을 것으로 보이는《구삼국사舊三國史》의 〈동명왕본기東明王本紀〉가 더러 인용되어 있다. 그중 한 대목을 보자.

송양松讓이 도읍을 세운 선후를 따져 부용국附庸國을 삼고자 하니,
왕이 궁실을 지을 때 썩은 나무로 기둥을 세워 천년 묵은 것같이

했다. 송양이 와서 보고 마침내 감히 도읍을 세운 선후를 따지지
못하였다.

태어날 때부터 범상치 않았던 주몽은 눈칫밥 먹으며 동부여東扶餘
에서 더부살이하고 있었다. 그러던 중 동부여의 태자가 눈엣가시 같
았던 주몽을 죽이려 하자 그는 친구들과 함께 말을 타고 도망간다. 중
간에 강이 나오자 주몽은 하늘을 우러러 탄식했다. 그러자 물고기와
자라가 강 위로 솟아올라 다리가 되어 주었다. 그렇게 강을 건너 남쪽
으로 내려온 주몽은 나라를 세웠다.

[그림 100] 〈주몽의 동부여 탈출〉
이규보는 피 끓던 젊은 시절, 고구려의 시조 동명성왕 주몽의 이야기를 격정적으로 풀
어냈다. 그림은 19세기 중반 일본에서 출판된 우타가와 사다히데歌川貞秀(1807~1879?)
의 에혼繪本(그림책) 《조선정벌기朝鮮征伐記》에 수록된 삽화. 주몽이 동부여 탈출 중 엄
류수淹流水에서 막혀 추격병이 오는 것을 보다가 하늘에 빌었더니 물고기와 자라가 나
와 다리가 되어준 덕분에 강을 건널수 있었다는 이야기를 그리고 있다.
＊소장처: 해군사관학교

그리고 이미 그곳에 있던 비류국沸流國의 송양왕松讓王을 만난다. 송양은 주몽의 나라를 자기 나라의 종속국으로 삼고자 한다. 온갖 계교를 부린 끝에 주몽은 오히려 송양의 항복을 받아내고, 당당히 고구려의 깃발을 세웠다. 여기 이 대목은 주몽이 송양을 상대로 부린 계교의 한 장면이다.

여호수아가 이끄는 유대인들에게 쫓겨날 가나안 사람 같은 비류국 군주 송양의 모습이 눈에 선한 건 그렇다 치고, 주몽이 천년 묵은 건물처럼 보이려고 썩은 나무로 집을 지었다는 표현을 보자. 썩은 나무로 집을 짓는 게 과연 가능한가? 기원전 37년은 중국 한대漢代이니 기와가 있던 시절이다. 주몽이 썩은 나무 기둥 위에 기와를 얹었다면 아마 얼마 버티지 못하고 폭삭 주저앉았을 것이다. 초가지붕이더라도 지붕 속에 채우는 적심積心, 곧 흙더미가 꽤나 무거웠을 텐데, 주몽이 자기가 납작 찌부러질 것을 감수하고 이랬다면 정말이지 강심장의 사나이가 아닐 수 없다. 하기야 그 정도는 되어야 한 나라를 세울 만하리라.

당나라판
'히든 싱어'

《동국이상국집》전집 권4는 〈개원·천보 연간의 역사를 읊은 시[開元天
寶詠史詩]〉라고 해서, 당나라 현종 황제 시절 이야기를 읊은 서사시 30
여 편으로 이루어져 있다. 이규보가 당나라 역사를 꽤 열심히 읽은 듯
퍽 여러 가지 에피소드들이 시로 구현되어 있고, 인용한 책들도 다양
하다. 이는 고려에 중국 역사서들이 상당히 많이, 그리고 널리 들어와
있었음을 짐작케 한다. 그 가운데 이 대목을 보자. 제목부터가 〈총저寵
姐가 휘장 뒤에서 노래 부르다[寵姐隔障歌]〉다.

　《유사遺事》에 이르기를, "영왕궁寧王宮에 총저라는 여인이 있어 얼
　굴이 곱고 노래를 잘했는데, 바깥손님들을 모아 잔치할 적마다 다

[그림 101] 〈이수쇄면以水灑面〉
이경윤의 그림으로 전해지는
〈선인도仙人圖〉의 일부. 현종이
술에 취한 이백을 불러 얼굴을
씻기고 붓을 잡게 해 새로운 악
부시樂府詩를 얻었다는 일화를
담고 있다.
＊소장처: 국립중앙박물관

른 기녀는 다 연석에 나와 있지만 총저만은 아무도 그 얼굴을 볼
수가 없었다. 하루는 사객詞客 이백이 술이 얼근해진 김에 '일찍이
들으니 왕에게 총저가 있어 노래를 잘한다고 하더이다. 오늘 술과
안주를 배불리 먹었고 제공諸公들도 권태로운 모양인데 왕께서는
어찌 그녀를 이처럼 아끼시오니까' 하고 농담하였다. 영왕이 웃고
는 좌우를 시켜 칠보로 된 꽃 휘장을 치고 총저를 불러 휘장 뒤에
서 노래를 부르게 하자 이백이 일어나 사례하며, '그 얼굴은 보지
못했지만 그 목소리를 들었으니 영광입니다'라 했다"라고 하였다.

노래하는 꾀꼬리 짙은 버들잎에 가리워
금빛 옷은 못보고 고운 소리만 들었네
제풀에 한평생 한을 안고 갔으니
영왕은 공연히 적선謫仙의 마음만 괴롭혔네

이거야말로 '히든 싱어'의 원조가 아닌가!

바른말하는 신하를
죽이다니

여기서 보듯 이규보는 역사에도 상당히 밝았다. 중국 역사책을 읽고
자기 생각을 적어놓은 논論을 몇 작품 남겼는데, 대표적인 논으로《동
국이상국집》후집 권12에 실린〈당사唐史에 나타난 '간언하는 신하諫
臣를 죽였다'는 데 대한 논唐史殺諫臣論〉이라는 글이 있다. 조금 길지
만 전문을 한번 살펴보도록 하자.

내가《당기唐紀》를 보니 이런 말이 있다.

"습유拾遺 후창업侯昌業(?~880)이, 희종僖宗이 친히 정사를 보지 않
고 노는 일에만 힘쓰는 것을 지적하여 소疏를 올려서 극력 간하자,
희종은 그를 죽였고, 또 보궐補闕 상준常濬(?~885)이 글을 올려서

'번진藩鎭의 세력이 너무 심한데도 오히려 그것을 깨닫지 못하고 있다. 전형典刑을 떨쳐서 사방에 위엄을 보여야 한다'고 간하자, 희종은 또 그를 죽였다."

두 신하의 말은 간절하고 곧다고 할 만하다. 그 말을 따르지 않는 것만도 족할 터인데, 죽이기까지 한 것은 너무 심하지 않았는가. 전후 임금 중에 간언하는 신하[諫臣]를 죽인 일이 왕왕 있었지만, 이제 마침 〈희종기僖宗紀〉를 보았기 때문에 이 일만을 든 것이다.

또 걸桀·주紂가 간언하는 신하를 죽인 일은 그의 악을 백세의 뒤에까지 드러낸 셈이라, 무릇 입이 있는 사람이면 매우 기롱하고 풍자하지 않는 자가 없었다. 후세의 임금이 간언하는 신하를 죽인 일은 비록 책과 사서에 실리더라도 걸·주의 악을 드러내듯 그 포악을 드러낸 경우가 적으니, 나는 그 까닭을 알지 못하겠다.

대저 곰이나 범이 사람을 물어뜯는다면 사람들은 그것을 괴이하게 여기지 않으나 다른 것이 물어뜯는다면 사람들은 모두가 매우 이상하게 여긴다. 이것으로 본다면 임금이 간언하는 신하를 죽이는 것은, 악한 걸·주와 같은 경우는 괴이하게 여길 게 못 되나 그렇지 않으면 괴이하게 여긴다. 희종은 당나라 말기의 임금이다. 힘이 약하고 권세가 미약했으니, 비록 걸·주처럼 악한 짓을 하려 해도 할 수 없었는데, 오히려 간언하는 신하를 죽였으니 이상하지 않은가.

아, 동한 광무제는 한흠韓歆(?~39)의 말이 간절하고 곧은 것을 미워하여 그를 고향으로 돌아가게 하고는 뒤에 문책하여 죽였으니, 어찌 그렇게도 심한 짓을 하였는가. 고금을 통하여 대부분 광무제를 성군聖君이라고 하는데, 성군이라는 이름을 듣는 자도 하물며 그렇거든 그 나머지야 말할 것 있겠는가. 사마광司馬光(1019~1086)이

[그림 102] 당 희종과 동한 광무제

이규보는 《당기唐紀》를 읽은 후 당 희종과 동한 광무제의 일화를 전하면서 의문을 표한다. 범용한 군주였던 당 희종도, 포악하기 짝이 없던 걸·주도, 성군이라 일컬어지는 동한 광무제도 모두 간언하는 신하를 죽였는데, 걸·주와 달리 희종이나 광무제에게는 크게 지적하지 않는다는 것이다. 이율배반이다. 그림은 명나라의 역사소설 《잔당오대사연의전殘唐五代史演義傳》에 수록된 당 희종의 모습과 명나라의 역사소설 《동한연의평東漢演義評》에 수록된 동한 광무제의 모습.

"그것이 인자하고 명철한 임금의 허물이 된다"고만 하고 크게 지적해서 말하지 않은 것은 그를 성군이라 하여 숨긴 겐가. 나는 간언하는 신하를 죽인 것보다 더 큰 악이 없다고 생각한다. 그 악이 큰 덕을 덮을 만한데 어떻게 성군이라고 할 수 있겠는가. 현군賢君

이라고만 일컫는 것이 또한 족할 것이다.

애초에 포악한 군주가 간언하는, 곧 바른말로 임금을 계도하려는 신하를 죽이는 것은 그러려니 하고 또 대서특필한다. "그놈은 독부獨夫이니 그렇게 하는 것도 당연하다"는 것이다. 반면 힘없는 군주, 똑똑한 군주가 그러는 것은 단지 이상하게 여길 뿐, 심지어 묻어두려고까지 한다. "무슨 사정이 있었겠지." 하지만 둘 다 신하를 죽인 것은 같지 않은가.

그런 이율배반을 지적하면서 이규보는 다음과 같은 비유를 동원했다.

"대저 곰이나 범이 사람을 물어뜯는다면 사람들은 그것을 괴이하게 여기지 않으나, 다른 것이 물어뜯는다면 사람들은 모두가 매우 이상하게 여긴다."

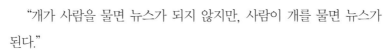

어쩐지 19세기 말엽 미국의 저명한 언론인인 찰스 데이나Charles A. Dana(1819~1897)가 했다는 말이 생각난다.

"개가 사람을 물면 뉴스가 되지 않지만, 사람이 개를 물면 뉴스가 된다."

이걸 그냥 확

원외랑員外郞 최홍렬崔洪烈(?~?)은 뜻이 굳세고 정직하였다. 일찍이 남경南京(현재의 서울 일대)의 장서기掌書記로 있을 적에 권신權臣인 의문義文이 보낸 종이 주인의 세력을 믿고 멋대로 사람을 해치자 그를 때려죽였는데, 이로 말미암아 이름이 알려졌다. 그가 하급 관리로 있을 적에, 여럿이 모인 자리에 고을을 다스리는 데 청렴하지 못한 문사 한 명이 있었다. 최 군崔君은 자기로 만든 술잔飮器瓷碗 을 들어 그를 치려 하면서, 먼저 입으로 손가락을 문 다음 휘파람 을 크게 불어서 기운을 격발시킨 뒤 큰 소리로 말하기를, "이 좌석 에 탐욕스러운 놈이 있어 나는 그를 때리려 한다. 옛날 단수실段秀 實(719~783)은 홀笏로 간신을 쳤다는데 이제 나 최 아무개는 술잔 으로 탐신貪臣을 치겠노라"라고 하였다. 비록 그 이름은 말하지 않

[그림 103] 청자 잔탁

[그림 104] 청자 고족배

이규보는 최홍렬이라는 인물의 이야기를 글로 남겼다. 뜻이 굳세고 정직했던 최홍렬은 하급 관리 시절, 술자리에서 청렴하지 못한 이를 술잔으로 내려치려 했다. 최홍렬이 움켜잡은 술잔, 아마도 잔탁이나 고족배가 아니었을까. 여담으로, 고족배는 말 위에서 잡고 마신다 하여 속칭 마상배馬上盃라고도 한다.

*소장처: 국립중앙박물관

앉으나 그 사람은 자신의 청렴하지 못함을 깨닫고 몰래 빠져나가 도망쳐버렸다.

뒤에 이 일을 가지고 최 군을 희롱하는 사람이 있으면 최 군은 화를 냈다. 하지만 낭중郞中 이원로李元老(?~?)가 그를 웃게 하려고 심지어 손가락을 물고 크게 휘파람을 부는 흉내를 내어 보이기까지 하였으나, 최 군은 화를 내지 않고 다만 머리를 숙이고서 웃을 뿐이었다. 그것은 이 군李君과 서로 친하기 때문이었다.

– 《동국이상국집》 전집 권21, 설, 〈술잔으로 탐신을 치려고 한 이야기[琓擊貪臣說]〉

최홍렬의 친구 이원로가 훗날 고영중高瑩中(1133~1208)이라는 인물의 묘지명을 지었음을 감안할 때, 여기 등장하는 권신 '의문'은 아마 이의민李義旼(?~1196)을 가리키는 듯하다. 이의민 집권기 정6품 원외랑 벼슬을 지냈던 최홍렬, 이 사람은 평소 욱하는 성질이 있었던 모양인지 사람 같지 않은 자를 보자 순간 치밀어 오르는 분을 이기지 못하고 술잔을 움켜잡았다. 최홍렬보다 약간 아래 연배였던 듯한 이규보는 그 일을 적었고, 그 기록은 역사에 영원히 남게 되었다.

완琓은 나팔 모양의 높은 받침대가 달린 잔을 말한다. 잡고 사람을 칠 수 있었다니 무언가 손아귀에 착 감기는 형태였던 모양인데, 어쩐지 고려청자 중에 넓은 받침을 따로 둔 잔인 잔탁盞托이나 높은 받침이 붙은 고족배高足盃가 떠오른다.

그나저나 고려시대에도 입에 손가락을 넣어서 휘익 소리를 내었나 보다. 방법을 배워서 해보려고 해도 잘 안 되던데 말이다.

그림 감상에도 열심

고려는 475년간 이어졌다. 그동안 그림을 잘 그린 사람이 한둘이었겠느냐마는, 작품은 고사하고 이름 몇 자만이라도 역사에 남긴 이는 손에 꼽는다. 3·1운동 민족대표 33인 중 한 분이자 한국 미술사의 할아버지라 할 수 있는 미술사가 위창葦滄 오세창吳世昌(1864~1953)이 남긴 서화가사전《근역서화징槿域書畫徵》에도 고려시대 인물은 별로 실려 있지 않다.

하지만 이규보 선생은 그 점에서도 큰 도움을 준다.《동국이상국집》곳곳에 그가 감상한 그림을 읊은 시가 실려 있는 것이다. 대부분 그림 그린 이의 이름을 밝히고 있고, 읽다보면 그림이 그려질 듯 내용도 퍽 구체적이다. 그래서인지 오세창도《근역서화징》에서 이규보의 글을 적잖이 인용하고 있다.

[그림 105] 〈그림 감상〉

김홍도가 그린 풍속도 화첩 《단원풍속도첩檀園風俗圖帖》에 수록된 그림. 벗, 후배들과 둥글게 모여 그림을 감상하는 이규보의 모습이 떠오른다.

*소장처: 국립중앙박물관

자, 그러면 이규보가 남긴 그림 감상 시 하나를 읽어보두록 하자.

물은 물고기의 집이라
물 잃으면 솥 안의 생선이지
사람이 물 속의 고기를 그림에
솥 속에 든 것처럼 그릴진대
비록 헤엄치고 노는 모습이라도
오히려 물 잃은 것과 같으리
정 군은 참으로 신필이로다
오묘한 수법 하늘에서 얻었네
한 번 붓 휘둘러 수십 마리 그리니
물고기 모두가 팔팔하다네
물을 얻어 형세 이미 넉넉하니
하필 잔잔한 물결 그려야 할지
지느러미 일어나 움직일 듯하고
눈동자 찬란하여 야광주 같다네
아마도 그대는 봉래도蓬萊島의 손님으로
오랫동안 물 속 신선이 되었던가
물고기일랑 익숙하게도 보았기에
손길 따라 떼지어 오르내리는 듯
손가락 들어 만져 보고 싶지만서도
뛰어나와 깊은 연못에 숨을까 두렵다
나의 시가 기력이 딸린다마는
감히 〈활어편活魚篇〉을 지었노라

[그림 106] 〈이어도 대련鯉魚圖 對聯〉 중 한 폭

[그림 107] 〈궐어도鱖魚圖〉

조석진이 그린 잉어 그림과 성재휴가 그린 쏘가리 그림. 이규보가 '신필'이라 칭찬해 마지않았던 정득공의 그림이 지금도 남아 전했더라면, 잉어 잘 그리기로 유명한 조석진의 〈이어도 대련〉, 또는 쏘가리 그림으로 이름 높은 성재휴의 〈궐어도〉와 견줄 만하지 않았을까.

＊소장처: 국립중앙박물관

　　－《동국이상국집》전집 권13, 고율시, 〈연淵 수좌首座 방장方丈에서
　　정득공鄭得恭이 그린 어족자魚簇子를 감상하고서[淵首座方丈　觀鄭得
　　恭所畫魚簇子]〉

　　'정득공'이라는 화가—득공은 아마 자겠지만—가 그 시절에 물고기를 잘 그린 모양이다. 오죽하면 "신필"이라고 했을까. 잉어 잘 그리기로 유명한 소림 조석진이나 쏘가리 그림으로 이름 높은 풍곡豊谷 성재휴成在烋(1915~1996)에 견줄 만했을는지. 하여간 그런 '신필' 정득공이 그린 물속 세상 그림을 어떤 스님이 족자로 꾸며 간직하고 있었다. 그러다 백운거사라는 귀한 손님이 오니 꺼내서 걸어 보여드렸던가 보다.

　　이규보 아저씨가 얼마나 열심히 그림을 감상하고 '실감'을 느꼈으면 손가락을 들어 물고기를 만져보고 싶다고까지 했을까. 요즘 박물관마다 하나 이상 만들어서 틀어주곤 하는 '실감 영상'을 보여드렸다간 까무러쳤을지도 모르겠다.

500년 뒤
그림의 화제를 짓다

《동국이상국집》 전집 권16에는 〈술 취한 나무꾼[醉樵人]〉이라는 제목의 시가 실려 있다. 말 그대로 술 취한 나무꾼의 형용을 읊은 시다.

삼베 쇠코잠방이에 흰 칡베 옷 입고
가죽 채찍 대 피리 풀밭에 내동댕이쳤네
수소는 암소 쫓아 달려 나가는데
취하여 세상 모르게 산기슭에 누웠네

그런데 참 흥미롭게도, 500년쯤 뒤 조선 영조 때 화원 남리南里 김두량金斗樑(1696~1763)이 그린 〈목동오수牧童午睡〉라는 그림이 이 시

● [그림 108] 〈목동오수牧童午睡〉 ●● [그림 109] 〈경전목우도耕田牧牛圖〉

흥미롭게도 이규보의 시 〈술 취한 나무꾼〉은 조선 영조 때 화원 김두량의 그림 〈목동오수〉
와 거의 비슷하다. 아는 것이 많았던 김두량의 스승 윤두서가 알려준 것일까. 윤두서 또한
소 치는 아이가 낮잠 자는 모습을 담은 〈경전목우도〉를 남겼으니, 전혀 뜬구름 잡는 소리
는 아니리라. 〈목동오수〉는 송은松隱 이병직李秉直(1896~1973)이 소장하고 있다가 지금은
평양 조선미술박물관에 있고, 〈경전목우도〉는 해남 녹우당 소장 《해남윤씨가전고화첩海
南尹氏家傳古畵帖》 2권 중 《윤씨가보尹氏家寶》에 수록되어 있다.

*소장처: 평양 조선미술박물관, *자료제공: 녹우당소장

의 내용을 거의 그대로 옮겨놓은 듯하다. 김두량은 공재恭齋 윤두서에게 배웠다고 전하는데, 박학다식하기로 이름났던 윤두서가 혹《동국이상국집》의 이 시를 읽고 김두량에게 알려주었던 것일까? 윤두서 본인도 나무꾼 또는 소 치는 아이가 낮잠 자는 모습을 그림으로 남긴 게 있어서 하는 소리다.

초서는 어려워

1202년, 이규보는 민란을 진압하는 관군의 일원이 되어 경주로 내려 갔다. 그가 맡은 일은 지금으로 치면 서기. 내려가는 길 곳곳에 있는 성소聖所마다 도와주기를 청하는 제문을 짓고 그밖에도 군대에서 필요 로 하는 글을 짓는 게 일이었다. 그 와중에도 이규보는 짬짬이 시를 지 었다. 《동국이상국집》 전집 권12에 실린 그 시기의 시 중 하나를 보자. 제목은 〈통군統軍 상서의 군막軍幕에서 금金 큰스님의 초서草書를 구경 하다〔統軍尙書幕 觀金上人草書〕〉이다. '공이 나에게 즉석에서 붓을 들어 이 시를 짓도록 하였다'는 주석이 달려 있어서, 이른바 '주필'의 결과물 이 아닐까 한다. 내용이 길기 때문에 중간에서 조금씩 끊어 본다.

우리 스님께선 세상에 드문 초서의 성인

하늘과 땅 뒤흔들고 조화를 말 몰듯이

······

큰스님의 붓이야 진정 신이 전수하신 것이오

구구히 벼루와 붓 갖추고 배워서 된 바 아닐세

군대 안 사람들 이런 경지 아무도 모르고

곰과 범 바야흐로 싸우는데 어느 겨를에 초서를 하느냐 말하나

나만은 원수元帥 상공의 뜻 먼저 엿보았다네

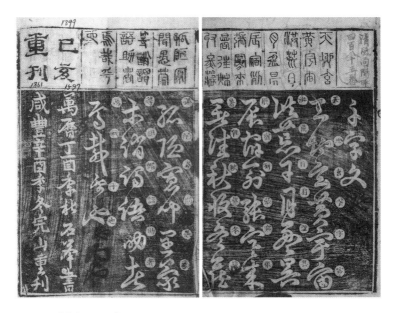

[그림 110] 《천자문千字文》

초서는 그야말로 암호다. 일부러 무슨 글자인지 알 수 없도록 썼나 싶을 정도다. 이규보의 시를 보면 지금만 어려운 게 아니었던 모양이다. 고려시대에도 군중에서 암호로 썼을 정도라니 말이다. 그림은 조선 중기의 명필 석봉石峯 한호韓濩(1543~1605)의 초서 《천자문》. 역시 어렵다.

*소장처: 국립민속박물관

그 뜻 너무도 깊어 아는 자 누구랴

······

하물며 이 초서를 스스로 만들게 된 것은

본디 군중의 암호로 남들이 쉽게 알지 못하게 함이라

스님이여 스님이여 거침없이 붓을 휘둘러 다오

내가 징 치고 북 두드리며 그 기세 돕고파라

스님의 초서를 보자니 나의 시도 빠질 수 없구려

횡삭부시橫槊賦詩 읊은 일 예부터 좋아했다오

재미있는 부분은 끝에서 5~6행이다. 지금은 초서는 고사하고 해서楷書로 쓴 한자도 제대로 못 읽는 사람이 수두룩하다. 그러면서 막연하게 옛날 사람들은 전서篆書나 초서도 술술 다 읽었으리라 짐작한다. 그런데 이 시를 보면, 고려시대에도 초서는 군중에서 암호로 쓰일 지경이었다. 역시 요즘만 어려운 게 아니었다.

이렇게 쓰고 얼마 뒤, 다른 일 때문에 근대 공문서를 몇 건 보게 되었다. 근데 무어라 읽는지 도통 모르겠는 글자가 여기저기 등장하는 거다. 아니, 면서기 양반, 좀 제대로 잘 써주시지······. 아아! 이규보 선생 생각이 절로 났다.

전쟁 중에도
동파의 책은 읽어야

고려 사람들은 유달리 송나라의 문인 동파東坡 소식蘇軾(1037~1101)의
문장을 좋아했다. 과거시험 합격자가 발표되면 "올해도 서른 명의 동
파가 나왔구먼!"*이라고 이야기할 정도로 글 좀 안다는 사람들은 동
파 소식, 다른 말로 소동파蘇東坡의 글을 즐겼다. 정작 소동파가 고려
를 '오랑캐'라고 부르며 싫어한 것을 생각하면 퍽 역설적인 일이다.
심지어 몽골군에 국토가 유린당하는 와중에도 고려의 한 지방관은
《동파문집東坡文集》을 간행해서 사람들에게 배포하고자 했다. 이는 그
만큼 소식의 글을 읽으려는 사람이 많았음을 의미한다. 그렇게 목판

* 《동국이상국집》 전집 권26, 서, 〈전이지가 글을 논한 편지에 답하다〉.

에 새겨 간행된《동파문집》은 지금 전하지 않지만,《동국이상국집》속 이규보가 쓴 발문에 그에 얽힌 이야기가 수록되어《동파문집》간행의 내력을 알 수 있다.

대저 문집이 세상에 유포되는 것도 역시 각각 한때의 숭상하는 바에 따를 뿐이다. 그러나 자고로《동파문집》처럼 성행하며 더욱 사람들의 즐기는 바가 된 것은 없었으니, 그것은 아마 문장력이 풍부하고 사실을 다룸이 방대하여 그 자액滋液이 사람에게 미침이 무궁하기 때문인가? 사대부로부터 신진 후학에 이르기까지 잠시도 그《동파문집》을 손에서 놓지 않고, 그 남긴 향기를 입에 넣어 씹는 자는 모두 그러하다.

그 문집을 간행한 판본이 전에 상주尙州에 있었는데, 불행히 오랑캐 군대에 소실되어 하나도 남은 것이 없었다. 완산태수完山太守인 예부낭중禮部郎中 최지崔址는 학문을 좋아하여 착한 일을 즐기는 군자이다. 그는 이 사실을 듣고 개탄한 나머지 새로 판목을 새길 뜻을 두었다. 때는 바야흐로 몽골 기병이 뜻밖에 오고 가는지라, 사세가 위급하므로 고을들이 시끄러워 조금도 편안한 해가 없으니 문사文事에 마음을 둘 겨를이 없을 것 같았는데, 태수는 생각하기를, "옛사람도 전쟁에 임하여 노래를 부르고, 창을 던지고 문학을 강론한 일이 있었으니, 문文을 그만둘 수 없는 것이 이와 같다. 이 고을처럼 큰 지방으로서는 이 같은 사소한 일쯤이야 창졸간에 이룩할 수 있거늘, 만일 저 시시한 오랑캐의 일로 인해 우선 미루고 태평한 시기를 기다린다면, 이후 사람도 또 그대로 미루어서 끝내는 나의 뜻을 이루지 못할 것이 아닌가?"

[그림 111] 〈소동파입극도蘇東坡笠屐圖〉

몽골이 쳐들어오는 와중에 고려의 한 지방
관은 《동파문집》을 간행해서 사람들에게
배포하려 했다. 그만큼 고려에서 소동파의
인기는 대단했다. 그림은 조선 후기 화승
중봉당中峰堂 혜호慧皓(?~?)가 삿갓을 쓰고
나막신을 신은 동파 소식의 모습을 그린
것이다. 〈소동파입극도〉는 청나라 때 유행
한 그림으로, 소식이 하이난 섬海南島에서
유배 생활을 할 때(1097~1100) 갑자기 폭
우가 내리자 삿갓을 빌려 쓰고 나막신을
신은 채 도포를 걷어 올리고 진흙탕을 피
해 걸어가는 모습을 담고 있다.

＊소장처: 국립중앙박물관

......

– 《동국이상국집》권21, 발跋, 〈전주목에서 새로 판각한 《동파문집》끝에 단 발문[全州牧新雕東坡文集跋尾]〉중에서

오랑캐가 일으킨 전쟁으로 나라가 어지럽더라도, 이 판목을 새겨 동파의 문집을 세상에 널리 전할 수 있다면 그것이 오히려 큰 사업이 되지 않겠는가? 전주 태수 최 선생은 이렇게 생각한 모양이다. 하기야 그런 마음가짐이 없었던들 오늘의 세계기록유산 팔만대장경이 나왔겠는가. 이규보도 이에 감탄하며 발문을 달았다.

생각해보면 일제강점기의 엄혹함 속에서도 책은 끊임없이 출판되었고, 해방과 6·25전쟁, 군사독재로 이어지는 역사의 격랑을 거치면서도 책을 찾는 사람들이 그치지 않았다. 책이 갖는 힘은 정치권력이나 총칼보다도 강하다는 것을 새삼 느끼게 된다.

〈달마도〉

한때 〈달마도達摩圖〉를 집에 걸어두는 것이 유행한 적이 있다. 수맥을 차단해 건강에 좋다는 둥, 잡귀를 쫓아준다는 둥 별별 얘기들이 많았다. 달마가 인도에서 중국에 건너와, 고여 있던 중국 불교계에 일대 선풍을 일으키면서 선종禪宗의 제1조가 된 인물이기 때문이었을까. 아무튼 집에 달마의 초상을 걸어두는 풍습은 고려시대에도 있었던 모양이다. 이규보도 〈달마도〉에 관한 글을 남겼다.

대저 조사祖師가 서쪽에서 와서 마음을 동쪽에 밝혔으니, 무릇 마음을 구하는 자는 그 누가 조사를 절실히 사모하지 않을 리 있겠는가. 산인 아무개라는 자가 있어서, 달마의 풍도를 높여 밤낮으로 그의 도를 사모하고 그의 상像을 생각하여, 남을 시켜서 존상尊像

을 그렸다. 7의 지원至願도 또한 번거롭지 아니하여 나에게 글을
지어서 간략하게 족자 위에 써주기를 청한다. 나는 그가 너무도 간
략하게 써 달라는 것을 괴상히 여기고 짐짓 "또한 찬을 지어서 그
뒤에 붙이는 것이 좋지 않겠는가?"라 하였더니, 그는 "좋기야 좋지
만 족자가 좁으니 그 내력만을 기록하고 싶을 뿐이오"라고 하였다.
나는 그가 아주 간략하게 써달라는 것을 다행으로 여기고 드디어
그의 뜻에 따라 대략 줄거리만을 적을 뿐이다.

─《동국이상국집》 후집 권12, 잡저, 〈달마의 화상畵像 족자 위에 붙
이는 글[書達摩畵像幝額文]〉

당시에는 달마를 어떻게 그렸을까? 그걸 적어두지 않아서 좀 아쉽
다. 연담蓮潭 김명국金明國(1600~?)의 〈달마도〉처럼 수묵으로 호쾌하게
그렸을지, 다른 고려 불화들처럼 공필工筆의 채색화로 그렸을지? 좁
은 화면의 족자였다고 하는 걸 보면 모시고 경배하는 용도라기보다는
감상하기 위한 목적이 크지 않았을까 싶다.

재미있는 것은 산인山人 아무개가 이규보에게 글을 청하는 태도
다. 연예인에게 사인을 받는 것도 아니고, "길게 써주랴?"라고 물어도
"족자가 좁아서"라고 거절하는 저 쿨한(?) 태도라니.

족자 이야기가 나와서 말인데, 《동국이상국집》에는 '족자簇子' 또는
'족簇'이라는 단어가 꽤 자주 나온다. 하지만 아쉽게도 그 족자를 만드
는 일, 다시 말해 글씨나 그림에 종이와 천을 덧발라 튼튼하게 만들어
오래 보존하고 감상을 편하게 하게끔 한 행위는 뭐라고 부르는지 알기
어렵다. 《고려사》나 《고려사절요》 같은 책에서도 찾을 수 없다.

요즘은 표구表具라는 말을 흔히 쓰지만 이는 일본어에서 온 것이

[그림 112] 〈달마도達摩圖〉

이규보가 달마 화상 족자 위에 붙이는 글을 쓴 걸 보면, 오늘날처럼 고려시대에도 집에 달마 초상을 걸어두는 사람들이 있었나보다. 그림은 김명국이 그린 〈달마도〉. 두건을 쓰고 두 손을 가슴 위로 모은 채 부리부리한 눈으로 먼 곳을 응시하고 있는 달마의 모습이 참으로 호방하고도 생생하다.

＊소장처: 국립중앙박물관

고, 조선시대에는 장황粧䌙·裝潢이나 배첩褙貼이라는 용어를 썼다 중국에서는 한나라 때부터 서화에 장황을 했다고 하니 적어도 삼국시대에는 우리나라에 장황하는 법이 전해졌을 것 같다. 하지만 남아 있는 유물이 없으니 그 모양이나 방법이 어땠는지 알 수 없다. 고려시대 서화나 불화에도 그런 장황은 분명 행해졌으련만, 현재 아주 드물게 전해지는 작품도 대부분 시간이 흐르면서 개장改裝되어버렸기 때문에 원래 생김새는 사라진 셈이다. 그러니 여기 그림으로 그려본 족자는 대개 후대의 것을 토대로 상상해본 모양새이다. 다만 그 작품의 성격에 따라 장황에 쓰는 천의 배색이나 품질이 달라지지 않았을까 하는, 너무나 당연한 추측 정도만 말해두고자 한다.

무궁화는 왜
무궁화인가

"무궁화 무궁화 우리나라꽃~ㅊ"이나, "무~궁화 삼~천리 화려가~ㅇ산"에서 보이듯, 지금 우리에게 무궁화無窮花−근화槿花는 '나라꽃'이다. 경찰의 계급장이기도 하며, 관공서 지붕을 덮는 기와의 막새 무늬로도 쓰인다. 상징성이 있기 때문이다.

그런데 고려시대에는 과연 어땠을까? 일단 그때는 '국화'라는 개념이 없었다. 그러면 고려 사람들은 무궁화를 어떻게 생각했을까? 《동국이상국집》 전집 권14에 재미있는 시가 있다. 시도 시지만 그 앞의 서문이 더 재미있다. 제목은 〈문文 장로長老와 박환고가 무궁화를 논평하면서 지은 시에 차운하고 아울러 서문을 짓다[次韻文長老 朴還古 論槿花 幷序]〉.

장로 문공文公과 동고자東皐子 박환고가 각기 무궁화의 이름을 논평하였는데 하나는 '무궁은 곧 무궁無窮의 뜻이니 이 꽃은 끝없이 피고 진다는 의미이다' 하고, 또 하나는 '무궁은 무궁無宮의 뜻이니 옛날 어떤 임금이 이 꽃을 매우 사랑하여 온 궁중이 무색해졌다는 의미이다'라고 하여, 각기 자기의 의견만을 고집하므로 결정을 보지 못했다. 그리하여 백거이의 시운으로 두 사람이 각기 시 한 편씩을 짓고 또 나에게 화답하길 권하였다.

무궁화의 두 가지 이름
우리 두 친구로부터 시작했네
각기 아집을 못 버려
굳이 좌니 우니 주장한다네
......

나는 쉽게 판단할 수 있으니
좋은 술 나쁜 술과 같은 걸세
이 꽃은 잠깐의 영화를 누릴 뿐
하루도 지탱하기 어려운 것이
사람들이 허무한 인생 같음을 싫어해
떨어진 꽃 차마 보지 못하니
도리어 무궁이라 이름했지만
그러나 과연 무궁토록 있겠는가
두 사람 이 말 들으면 크게 놀라
입술 다물고 말 못하리
......

[그림 113] 〈삼일유가三日遊街〉

고려시대에도 무궁화는 '무궁화'라 불렸다. 이규보는 하루 만에 피고 지는 꽃이라 도리어 '무궁'이라 이름했다 말한다. 무궁화는 조선시대 문·무과에 급제한 사람에게 주어지던 종이꽃 어사화御賜花의 모티브로 쓰였다는 설이 있다. 그림은 김홍도의 〈모당 홍이상공 평생도慕堂洪履祥公平生圖〉 중 〈삼일유가〉. 아래 부분에 어사화를 꽂은 선비의 모습이 보인다.

＊소장처: 국립중앙박물관

일단, 고려시대에도 무궁화를 '무궁화'라 불렀다는 것은 알 수 있다. 하지만 왜 무궁화가 무궁화인지는 사람마다 설이 제각각이었다. 아마 우리가 아는 이야기는 전자에 가까운 것일 텐데, 이규보는 이렇게 말한다. 하루 만에 피고 지는 꽃의 삶이 허무하니 도리어 '가이없다'고 한 것이라고.

이 망할 놈의 파리

조선 말 이 땅에 온 서양 사람들의 기행기를 보면, 서울이건 지방이건 벌레가 그렇게 많아 잠도 제대로 자기 힘들었고, 밥도 먹기 힘들었다는 내용이 더러 나온다. 그렇듯 여름이 되면 온갖 벌레들과 함께 살아야 했던 상황은 고려시대에도 크게 다르지 않았던 모양이다. 특히나 골치 아픈 것은 파리였던 듯한데, 이규보도 파리에 고통 받았던 심정을 시로 생생하게 표출하고 있다.

쫓아내고 쫓아도 되돌아오니 힘들고 또 지쳐

이불을 덮고 잠자려 하지만 꿈을 이루기 어렵네

사람의 몸을 괴롭히는 것이야 어찌 탓하리

날다가 술잔에 빠져 죽는 것도 알지 못하는데

[그림 114] 〈화조충어도花鳥蟲魚圖〉

19세기 중엽 조선에서 활동한 화가 전기가 그린 것으로 전해지는 〈화조충어도〉 중 하나. 왼쪽 상단부에 이규보를 괴롭힌 파리의 모습이 보인다.

*소장처: 국립중앙박물관

너희들 말고 누가 누린내를 탐해 쫓느냐
검은 점 흰 점 네 멋대로 얼룩을 만드누나
쓸쓸한 이불과 베개에서 무엇을 보았길래
하필이면 잠들려 할 때 모여서 웽웽대느냐
－《동국이상국집》후집 권1, 고율시, 〈잠들려던 차에 파리를 미워
하다[睡次惡蠅]〉 2수

파리채를 아무리 휘둘러도 그때뿐 귓가에서 웽웽거리는 파리, 이
망할 놈의 파리! 그냥 웽웽대는 거면 몰라도, 고기 굽는 냄새만 나면
어디선가 날아와서 앉았다 가고 술잔에 툼벙 빠져서 아까운 술을 버
리게 만드니 때려죽여도 시원치 않았으리라. 하지만 이규보 선생은
넓은 마음의 소유자답게 파리를 탓하지 않는다.
결국 술에 빠질 제 운명도 알지 못하기에.

뭐 이렇게
새해가 빨리 온담

이규보는 74년을 살았다. 누구나 그렇듯, 한 해 한 해 새해를 맞이하는 느낌이 달랐을 것이다. 아마도 머리 빠지고 배가 나올 즈음 다시 새해를 맞은 백운거사, 그 감회를 칠언절구 한시로 쓱쓱 지어냈다.

이 몸은 평생 동안 숱한 해를 보냈는데
어느 곳에 이 많은 해를 쌓아 놓았는지
만약 주머니에 넣어 헤일 수 있다면
하나하나 꺼내서 하늘에게 되돌리려네
─《동국이상국집》후집 권1, 고율시, 〈설날에 재미삼아 짓다元日戲作〉

[그림 115] 〈문월도問月圖〉

조선 중기의 왕족 출신 화가 탄은灘隱 이정李霆(1554~1626)의 작품. 하늘에 뜬
초승달에 손을 뻗으며 무언가를 묻는 듯한 신선의 모습이 평생 보낸 해를 하나
하나 하늘에 되돌리고 싶어 하던 이규보와 겹쳐 보인다.

©간송미술문화재단

다시 젊어질 수 있다면 머리도 풍성해지고 배도 들어가련만. 하지만 그럴 수는 없으니 시에서나마 한 해 한 해 되돌아가는 꿈을 꿀 수밖에. 에이, 하늘아 나한테 준 1년 365일일랑 다시 가져가거라!

여기서 잠깐, 이규보 선생은 설날에 떡국을 자셨을까? 사실 가래떡을 송송 썰어 고깃국물에 넣어 끓여 먹는 떡국을 언제부터 먹기 시작했는지는 분명치 않다. 육당六堂 최남선崔南善(1890~1957)의 《조선상식문답朝鮮常識問答》을 보면 떡국은 상고시대 이래 신년 제사를 마치고 먹던 음복飮福 음식에서 유래된 것이라고 하지만, 실제 기록으로 확인되는 것은 16세기 문인 소재蘇齋 노수신盧守愼(1515~1590)의 〈원조元朝(설날)〉라는 시에 실린 '삼우糝盂'와 17세기 《영접도감의궤迎接都監儀軌》에 실린 '병갱餠羹'이라는 단어부터다.

17~19세기 문집에서 '탕병湯餠' 또는 '병탕餠湯'이라는 음식이 보이는데, 대개 설날이나 생일에 차려 먹었다는 것을 보면 오늘날의 떡국과 같은 것이었다고 여겨진다. 하지만 이런 풍속이 고려시대부터 있었다는 기록은 찾지 못했다. 그러니 이규보 선생이 설날에 떡국을 드셨는가라는 질문에는 아직 이런 답밖에 하지 못한다. 드셨을 수도 있고, 안 드셨을 수도 있다.

나가며

그리 짧지 않은 책을 읽느라 고생 많으셨습니다. 재미있게 읽으셨다면 다행이겠습니다만, 혹여나 별로 흥미를 못 느끼셨다면 그건 이규보 아저씨 때문이 아니라 다 제 솜씨가 모자란 까닭입니다. 여기 소개하는 에피소드는 이규보가《동국이상국집》에 남긴 기록의 극히 일부입니다. 민족문화추진회(지금의 한국고전번역원)에서 펴낸《국역 동국이상국집》(1978~1980)을 보면 한자를 잘 몰라도 큰 무리 없이 이규보가 남긴 글을 직접 읽어보실 수 있습니다. 요즘은 한국고전번역원 누리집에 들어가도《동국이상국집》의 원문과 번역문을 살필 수 있으니 시간이 되시거든 한번 검색해보십시오. 제가 골라서 여기 그림과 함께 소개한 시와 산문 말고도 어마어마한 양의 글이 기다리고 있답니다.

스크롤의 압박이 부담스러우시다면, 요즘 들어《동국이상국집》속의 글을 가려 뽑아 새롭게 번역한 김하라 편역《욕심을 잊으면 새들의 친구가 되네》(2006)와 허경진 번역《백운 이규보 시선》(2023)으로 시작하셔도 좋을 듯싶네요. 북한에서도 일찍이 이규보에 주목했는지라 그의 작품을 번역해 읽었는데, 북한 번역본《리규보 작품집》을 복간한《동명왕의 노래》·《조물주에게 묻노라》(2005)는 의역이 많지만 비교적 우리말 맛이 잘 살아 있습니다. 이규보가 노래한 꽃과 나무의 생태적 특징과 기르는 법 등을 소개한《이규보의 화원을 거닐다》(2020)라는 책도 나왔습니다.

혹 이규보라는 인물에 관해 더 깊은 이야기를 알고 싶으시다면,《생활인 이규보》(2013)와《이규보 연보》(2013) 이 두 책을 추천합니다. 둘 다 고려사 연구의 대가이신 한림대학교 명예교수 김용선 선생님의 저작인데, 앞의 책은 풍부한 자료를 활용해 이규보의 삶과 생활을 서술한 일종의 전기이자 고려 생활문화사이며, 뒤의 책은 이규보의 탄생부터 사망에 이르기까지 그 행적과 저작의 작성연대를 고찰해 시간순·제목순으로 정리한 것입니다. 고려시대를 연구하는 여러 학자분이 모여 두 권으로 엮은《고려시대사》(2017) 또한 이규보와 그의 시대를 이해하는 데 큰 도움을 주리라 생각합니다.

지금 이 글을 마무리하는 순간,《동국이상국집》을 다시 꺼내들었습니다. 분명 읽었던 글들인데 어쩌면 이렇게 재미있는 이야기가 하나둘 다시 튀어나오는지. "아, 이걸 그렸어야 하는데" "어, 이걸 소개할 걸" 하는 생각이 꼬리를 물고 이어집니다. 정말이지 이를 두고 '화수분'이라고 하는 것이겠지요. 저만의 생각은 아닐 겁니다.

제가 글을 통해 이규보 아저씨를 만나 마음속으로 이야기를 나누며 적어 내린 에피소드 말고도,《동국이상국집》안에서 여러분이 길어 올릴 흥미진진한 사실은 또 얼마나 많을까요. 그렇게 함으로써 여러분이 이규보를 다시 만나고, 나아가 그가 살았던 고려라는 나라를 보다 가깝게 느낄 수 있게 된다면 더 바랄 것이 없겠습니다.

감사합니다.

뜻이 진정 천지사방의 밖에 있어
하늘과 땅도 얽매지 못하리라
장차 우주의 근원과 더불어
아무것도 없는 곳에 노니려는가
—《동국이상국집》전집 권20, 전傳, 〈백운거사의 전기[白雲居士傳]〉
에 실린 이규보의 자찬自贊

참고문헌

사료

《고려사高麗史》

《고려사절요高麗史節要》

《구당서舊唐書》

《기아箕雅》

《농암집農巖集》

《동국이상국집東國李相國集》

《동문선東文選》

《동의보감東醫寶鑑》

《목은문고牧隱文藁》

《목은시고牧隱詩藁》

《삼국유사三國遺事》

《삼국지三國志》

《성호전집星湖全集》

《선화봉사고려도경宣和奉使高麗圖經》

《세종실록世宗實錄》

《송자대전宋子大全》

《씨족원류氏族源流》

《여유당전서與猶堂全書》

《영조실록英祖實錄》

《지봉집芝峯集》

《향약구급방鄕藥救急方》

조선총독부 편, 《대정육년도고적조사보고大正六年度古蹟調査報告》, 조선총독부,
    1920

도서-역주 및 영인

김용선 편저, 《(제5판)高麗墓誌銘集成》, 한림대학교출판부, 2012

서긍(조동원 외 옮김), 《고려도경》, 황소자리, 2005

오세창 편저, 《(원본 영인본)槿域書畫徵》, 학자원, 2015(계명구락부, 1928)

이경록 옮김, 《국역 향약구급방》, 역사공간, 2018

최남선(이영화 옮김), 《조선상식문답》, 경인문화사, 2013(동명사, 1946)

도서-논저

김경연 외, 《표구의 사회사》, 연립서가, 2022

김영미 외, 《고려시대의 일상 문화》, 이화여자대학교출판부, 2009

김용선, 《고려·사회·사람들》, 일조각, 2018

김용선, 《생활인 이규보》, 일조각, 2013

김용선, 《이규보 연보》, 일조각, 2013

김종일 외, 《토기와 도자기-한국 도자기 문명사》, 들녘, 2022

리카이저우(한성구 옮김), 《송나라 식탁 기행》, 생각과종이, 2020

박용운, 《高麗時代 蔭敍制와 科擧制硏究》, 일지사, 1990

박재우, 《고려전기 대간제도 연구》, 새문사, 2014

염복규 외, 《서울 洞의 역사-구로구》 제1권, 서울역사편찬원, 2020

유홍준, 《나의 문화유산답사기 2》, 창작과비평사, 1996

이구열, 《한국문화재 수난사》, 돌베개, 1996

이승한, 《고려 무인 이야기 2-최씨 왕조 상》, 푸른역사, 2003

이시다 미키노스케(이동철 외 옮김), 《장안의 봄》, 이산, 2004

이종서 외, 《고려시대사 2-사회와 문화》, 푸른역사, 2017

인천광역시 시사편찬위원회, 《인천광역시사 5-인천의 지명 상》, 인천광역시, 2015

정규복, 《韓國古典文學의 原典批評》, 새문사, 1990

채웅석 편저, 《고려의 국제적 개방성과 자기인식의 토대》, 혜안, 2019

최순우, 《무량수전 배흘림기둥에 기대서서》, 학고재, 2002

한국역사연구회, 《(개정판)고려시대 사람들은 어떻게 살았을까 1》, 2005

한국역사연구회, 《(개정판)고려시대 사람들은 어떻게 살았을까 2》, 2005

한혜선, 《고려 도기 연구》, 역락, 2019

홍희창, 《이규보의 화원을 거닐다》, 책과나무, 2020

도서-보고서

국립해양문화재연구소 편, 《태안마도1호선 수중발굴조사 보고서》, 국립해양문화재
　　연구소, 2010

국립해양문화재연구소 편, 《태안마도3호선 수중발굴조사 보고서》, 국립해양문화재
　　연구소, 2012

논문

강민경, 〈고려시대의 신라 출자의식과 그 사회적 성격〉, 《역사와현실》 112, 2019

김용선, 〈고려 시인 李需 이야기〉, 《진단학보》 128. 2017

박우훈, 〈壺谷 南龍翼의 批評史的 功績〉, 《시화학》 4, 2001

박철상, 〈조선 초기 서적은 선장본(線裝本)인가?〉, 《문헌과 해석》 92, 2023

안대회, 〈고려의 시화 《파한집》과 《보한집》의 본래 이름은 무엇인가〉, 《문헌과 해석》
　　89, 2022

채웅석, 〈高麗時代의 歸鄕刑과 充常戶刑〉, 《한국사론》 9, 1983

현수진, 〈고려시대 관인상의 형성과 변화-能文·能吏형 관인상을 중심으로〉, 《한국
　　중세사연구》 51, 2017

누리집

국가유산청 국가유산포털(https://www.heritage.go.kr/)

국립중앙박물관 e뮤지엄(http://www.emuseum.go.kr/)

국사편찬위원회 한국사데이터베이스(https://db.history.go.kr/)

한국고전번역원 한국고전종합DB(https://db.itkc.or.kr/)

한국학중앙연구원 한국민족문화대백과사전(https://encykorea.aks.ac.kr/)

한의학고전DB(https://mediclassics.kr/)

그림 목록

찾아보기

이규보 선생님, 고려시대는 살 만했습니까

2024년 4월 16일 1판 1쇄 발행
2024년 7월 5일 1판 4쇄 발행

지은이   강민경
펴낸이   박혜숙
디자인   이보용
펴낸곳   도서출판 푸른역사
                우) 03044 서울시 종로구 자하문로8길 13
                전화: 02)720-8921(편집부) 02)720-8920(영업부)
                팩스: 02)720-9887
                전자우편: 2013history@naver.com
                등록: 1997년 2월 14일 제13-483호

 ISBN 979-11-5612-274-6 03900

· 잘못 만들어진 책은 교환해드립니다.
· 일부 도판은 저작권자와 연락이 닿지 않아 우선 수록했습니다.
  추후 저작권이 확인되는 대로 절차를 거쳐 동의를 받겠습니다.